Mark Hitchcock
Jeff Kinley

# Der kommende Abfall vom Glauben

## Die Sabotage des Christentums von innen

Mark Hitchcock
Jeff Kinley

# Der kommende Abfall vom Glauben

## Die Sabotage des Christentums von innen

**Der kommende Abfall vom Glauben – Die Sabotage des Christentums von innen**
Mark Hitchcock / Jeff Kinley

**Originally published in English under the title:**
The Coming Apostasy: Exposing the Sabotage of Christianity from Within

Published in association with the literary agency of William K. Jensen Literary Agency, 119 Bampton Court, Eugene, Oregon, 97404.



3. Auflage 2019 (Koproduktion)

Verlag Mitternachtsruf, CH-8600 Dübendorf
www.mitternachtsruf.ch
Bestell-Nr. 180124
ISBN 978-3-85810-458-8

Christliche Verlagsgesellschaft GmbH, DE-35683 Dillenburg
www.cv-dillenburg.de
Bestell-Nr. 271 568
ISBN 978-3-86353-568-1

Übersetzung aus dem Amerikanischen: Martin Plohmann
Umschlag, Satz und Layout: Cicero Studio AG, CH-9442 Berneck, www.cicero-studio.ch
Herstellung: GU-Print AG, CH-6312 Steinhausen
Bildnachweis: shutterstock.com/IgorZh, Boyloso, roroto12p

# INHALT

## ÜBER DIE AUTOREN

Nach seinem Abschluss an der juristischen Fakultät dachte *Mark Hitchcock,* seine Karriere als Anwalt wäre vorgezeichnet. Doch nachdem Mark einen «klaren Ruf in den vollzeitigen Dienst» bekam, wie er es beschreibt, schlug er einen anderen Weg ein und ging ans Dallas Theological Seminary, wo er seinen Magister und Doktorgrad machte. Seit 1991 hat Mark zahlreiche Bücher geschrieben und veröffentlicht. Er dient der Faith Bible Church in Edmond, Oklahoma, als Senior Pastor und dem Dallas Theological Seminary als ausserordentlicher Professor für Bibelauslegung. Mark und seine Frau Cheryl leben mit ihren zwei Söhnen, Justin und Samuel, in Edmond.

Durch seine schriftlichen Arbeiten und seinen Dienst als Gastredner baut *Jeff Kinley* die Menschen mit der wunderbaren Wahrheit Gottes auf. Als Bestsellerautor hat Jeff fünfundzwanzig Bücher geschrieben. Er hat einen Abschluss am Dallas Theological Seminary (ThM) und wird von Gemeinden im ganzen Land als Redner eingeladen. Er und seine Frau leben in Arkansas und haben drei erwachsene Söhne. Weitere Informationen über seinen Dienst erhalten Sie auf jeffkinley.com.

# EINLEITUNG

Im 19. Jahrhundert entwickelten verärgerte Arbeiter in Frankreich eine subversive Taktik. Teil dieser Strategie war es, einen Schuh in die Maschinen der Fabrik zu werfen, um sie zu stoppen und die Produktivität zum Erliegen zu bringen. Diese aggressive Vorgehensweise wurde als *Sabotage* bekannt (von *sabot*, dem französischen Wort für Schuh).[1] Ein einziger Schuh konnte verheerenden Schaden in einer gut funktionierenden Maschine anrichten.

Heute sehen wir die anhaltende Sabotage des Christentums und der Gemeinde von innen. Raffinierte Saboteure werfen einen theologischen Schuh nach dem anderen in die Maschine und verursachen geistliche Verwirrung und Zerrüttung.

Der Teufel hat das Werk Gottes schon immer durch menschliche Irrlehrer sabotiert. Und obwohl der Teufel über viele Schuhe und Strategien verfügt, geht er vor allem in zwei Bereichen vor: gegen das *geschriebene* Wort Gottes (die Schrift) und das *lebendige* Wort Gottes (den Erlöser Jesus Christus).[2] Die ersten in der Bibel festgehaltenen Worte des Teufels sind die an Eva im Garten Eden, und sie strotzen nur so vor Zweifel und Leugnung: «Sollte Gott wirklich gesagt haben ...?» (1Mo 3,1). Seit dieser Zeit hallt das Zischen der Schlange durch die Zeitalter wider, von Generation zu Generation, während er die Bibel in frage stellt, untergräbt und sabotiert. Wie David Jeremiah sagt:

> [Der Teufel] ist nicht auf einen Ansatz beschränkt. Wenn es ihm nicht gelingt, uns das Wort Gottes wegzunehmen, indem er dessen Autorität untergräbt, bringt er uns halt vom Wort Gottes weg, indem er uns eine andere Autoritätsgrundlage gibt. Der Teufel hat sich eben einen solchen Ersatz ausgedacht, der eine grosse Anziehungskraft auf viele Menschen auszuüben scheint.
>
> Er heisst *Erfahrung*.
>
> Die Menschen werden von ihrer geistlichen Erfahrung so vereinnahmt, dass sie nicht länger im Wort Gottes nach Autorität suchen. Ihre Erfahrung wird zur bestimmenden Kraft in ihrem Leben.[3]

Dr. Jeremiah schliesst mit der folgenden aussagekräftigen Beobachtung:

> Zwei Gruppen konkurrieren somit um unsere Gedanken – und beide verfolgen dasselbe Ziel. [Liberale Gelehrte] nehmen uns die Bibel weg, und jene, die lieber auf Erfahrung setzen, führen uns von der Bibel fort.[4]

Wir könnten es nicht besser ausdrücken. Die gesunde Lehre steht unter Belagerung. Die Bibel wird entweder herabgesetzt, offen abgelehnt oder ersetzt von den Ansichten der Menschen über moralische oder theologische Themen.

Nichts von dem, was wir sehen, sollte uns jedoch überraschen. Die Bibel hat dies vorausgesagt. In der Schrift lesen wir, dass die Flut des Abfalls am Ende der Zeit kommen würde. Dieses Vorzeichen des Endes wird in 2. Thessalonicher 2,3 als der letzte grosse Abfall beschrieben. Diese Zeit könnte schon sehr bald eintreffen. Angesichts dieser ernüchternden Realität ist es das Hauptziel dieses Buches, die gegenwärtige Sabotage aufzudecken, die die Autorität und Allgenügsamkeit der Bibel und Jesus als den einzigen Weg zu Gott angreift. Wir möchten Sie auch mit der Wahrheit ausrüsten, Ihre Urteilskraft schärfen und Ihr Denken und Leben neu ausrichten auf das Wort Gottes. Das sind wichtige Themen für die Gemeinde und jeden einzelnen Gläubigen. Es steht eine Menge auf dem Spiel.

Möge der Herr dieses Buch im Leben eines jeden Lesers gebrauchen, so wie Er es in Seiner Gnade bereits im Leben der Autoren getan hat.

## Fussnoten

1 Die genaue Herkunft des Wortes Sabotage ist ungewiss. Dies ist eine Sicht.
2 Siehe David Jeremiah, God in You (Sisters, OR: Multnomah, 1998), S. 73-74.
3 Jeremiah, God in You, S. 75
4 Ebd.

KAPITEL 1

# GOTT UND GEISTERSCHIFFE

*Einige haben ... im Glauben Schiffbruch erlitten.*
1. Timotheus 1,19

Kapitän David Morehouse war an die bewegten Gewässer des Nordatlantiks gewöhnt, aber auf das, was sein Auge an jenem Wintertag erblickte, war er nicht vorbereitet. Etwa sechshundert Kilometer östlich der Azoren bot sich Morehouse ein verstörender Anblick. Er sah ein Schiff, an sich nichts Ungewöhnliches auf offener See, aber dieses spezielle zweimastige Segelschiff schien in grosser Not zu sein. Seine Segel waren vom peitschenden Wind zerrissen worden und das Schiff trieb ziellos im offenen Wasser. Von seinem Ausblick an Bord der *Dei Gratia* konnte Kapitän Morehouse niemanden an Deck des anderen Schiffes sehen. Nach mehrmaligen Zurufen, die unbeantwortet blieben, gab der britische Kapitän den Befehl, neben das mysteriöse Schiff zu drehen. Er sandte Teile seiner Mannschaft aus, um das Schiff zu untersuchen, aber sein erster Offizier und zwei Besatzungsmitglieder konnten nicht eine einzige Seele an Bord finden.

Stattdessen entdeckten sie die Ladung von 1701 Fässern mit Alkohol sowie einen 6-monatigen Vorrat an Lebensmitteln und Wasser. Das einzige Rettungsboot des Schiffes fehlte. Ebenso verschwunden waren Kapitän Benjamin S. Briggs, seine Frau Sarah und ihre 2-jährige Tochter Sophia sowie acht Besatzungsmitglieder. Sie fanden aber Schränke voller Kleider, was ein plötzliches Aufbrechen nahelegte. Nach einstündiger Untersuchung entdeckte die Mannschaft der *Dei Gratia* auch eine auseinandergebaute Pumpe, und im Rumpf stand das Wasser fünfzehn Zentimeter hoch. Doch abgesehen von diesen Nebensächlichkeiten schien das 33 Meter lange Schiff seetüchtig zu sein.

Das von Kapitän Morehouse am 5. Dezember 1872 entdeckte, verlassene Schiff stellte sich als die *Mary Celeste* heraus. Berichte zeigten später, dass das Schiff am 7. November von New York nach Genua in Italien aufgebrochen war. Aber irgendetwas war unterwegs geschehen, und die *Mary Celeste* war mittlerweile schon längst überfällig. Die Besatzung der *Dei Gratia* («durch Gottes Gnade») konnte nur hoffen und beten, dass dieselbe Gnade über die verloren gegangenen Passagiere und Besatzungsmitglieder dieses Schiffes wachen würde.

Die tragische Erzählung von der *Mary Celeste* ist zu einem der rätselhaftesten Geheimnisse der Seefahrtsgeschichte geworden. Viele Theorien wurden aufgestellt, um diese verwirrende Geschichte zu erklären – alles wurde herangezogen, von Piraten über Stürme und hohem Seegang, ja sogar Meeresungeheuer. Experten zerbrechen sich noch immer den Kopf, warum Kapitän Briggs den Befehl gab, ein Schiff zu verlassen, das keine Anzeichen drohender Gefahr aufwies.

Fast 150 Jahre nach diesem kalten Dezembertag und nach Spekulationen in Artikeln, Büchern, Gedichten und sogar Filmen sind wir heute kein Stück weiter. Noch immer wissen wir nicht mehr über das Schicksal der *Mary Celeste* als Morehouse.

Ohne Kapitän und Besatzung war das Schiff vom Kurs abgekommen und trieb etwa zwei Wochen lang auf dem offenen Meer, bevor es entdeckt wurde. Statt ihr geplantes Ziel zu erreichen, bekam die *Mary Celeste* den zweifelhaften Ruf, der Inbegriff eines Geisterschiffes in der Geschichte zu sein.

## Unsere gegenwärtige Situation

Wenn Sie nicht gerade die letzten Jahre auf einer einsamen Insel verbracht haben, sind Sie zweifelsohne zu der Einsicht gelangt, dass unser Planet in Gefahr ist. Wir sind eine Gesellschaft im Chaos, die Menschheit befindet sich im Epizentrum eines globalen Sturms. Wie die *Mary Celeste* treibt unser Planet umher, verloren in einem stürmischen Meer der Verwirrung und Unsicherheit. Und es sind nicht länger nur die Experten, die die anhaltenden Krisen erkennen, die unsere Welt bedrohen. Einer landesweiten Umfrage zufolge glauben 41 Prozent der Erwachsenen, dass wir in der «Endzeit» leben.[1] Auch beim Durchschnittsbürger ist mittlerweile ein ausgeprägtes Bewusstsein für die Schwierigkeiten der Welt angekommen. Und der vorherrschende Konsens ist, dass der Planet Erde alle Zeichen einer herannahenden Katastrophe auf vielen Ebenen aufweist.

Mit anderen Worten, wir befinden uns hier in tiefen und bewegten Gewässern.

Diese Zeit unterscheidet sich deutlich von der, die unsere Eltern oder Grosseltern kannten. Obgleich vorherige Generationen Weltkriege, wirtschaftliche Rezession und politische Umwälzungen erlebten, enthält die gegenwärtige dunkle Stunde eine klar apokalyptische Fracht. Auf den ersten Blick scheinen die Ereignisse der jüngsten Vergangenheit mehr einem schlechten Traum oder dem Szenario eines Science-Fiction-Films zu ähneln. Obschon sich einige in ihrer Naivität vorstellen, dass die Dinge besser werden, offenbart eine ehrliche, klarsichtige

Beurteilung der Situation der Menschheit vielmehr eine Dystopie statt einer Utopie. Dies ist die Realität, nicht eine vielversprechende Zukunftsvision. Und es ist *Ihre* Realität. Die Welt, in der Sie leben, wird zunehmend instabil. Hin- und hergeworfen steigt sie auf und sinkt wie der Bug eines Schiffes in einem gewaltigen Sturm. Instabilität, Unruhen und Unsicherheit sind Konstanten in diesem modernen weltweiten Drama. Die Welt verändert sich – und nicht zu ihrem Besseren.

Natürlich ist es menschlich, sich zu fragen, ob der geschichtliche Hurrikan das Land erreicht. Da wir uns mit der Sünde gesättigt haben, müssen wir uns fragen: *Ist die Offenbarung unterwegs zu unseren Ufern?*

Was sehen Sie, wenn Sie unseren kulturellen Horizont absuchen? In den Strassen randalieren wütende Bürger und plündern Geschäfte, weil sie sich in ihrem Bezirk ungerecht behandelt fühlen. Immigranten und Flüchtlinge werden in eine beispiellose internationale Krise hineingezogen, deren Konsequenzen uns noch unbekannt sind. Schiessereien verbunden mit einem erschreckenden Ausmass an Gewalt und Todesopfern, die uns fast schon unempfindlich für Mord gemacht haben.[2] Und die Tötung ungeborenen Lebens nimmt weiter zu. Weil die Menschen meinen, sie hätten das Recht auf Abtreibung, wurden weltweit fast 1,5 Milliarden ungeborene Babys getötet.[3]

Die alten Kanaaniter waren nichts gegen uns.

Das ist aber noch nicht alles. Wenn Sie sich weiter umschauen, werden Sie Staatsdiener und Richter am Obersten Bundesgericht finden, die Gesetze und Verordnungen verabschieden, die Homosexualität und die gleichgeschlechtliche Ehe legalisieren, unterstützen, fördern und sogar rückhaltlos zelebrieren. Männer, die sich selbst für Frauen halten, dürfen Damentoiletten benutzen. Die Folgen für junge Mädchen könnten mögliche Traumata, tätliche Angriffe oder sogar Missbrauch sein. Das moralische Gewissen unserer Gesellschaft ist so stumpf geworden, dass wir mittlerweile Böses «gut» und Gutes «böse» nennen. Diese traurigen Aussagen über den Zustand unserer Nation entsprechen auf tragische Weise einer früheren Zeit in der Geschichte Israels, als «jeder tat, was recht war in seinen Augen» (Ri 21,25; vgl. Jes 5,20). In manchen psychiatrischen Kreisen wird heute sogar der Vorschlag laut, sexuelle Straftaten wie Pädophilie zu entstigmatisieren, und stattdessen von Menschen zu sprechen, die diese strafbaren Handlungen als «weniger attraktive Personen» begehen.[4] In unserem gegenwärtigen moralischen Klima wird fast alles toleriert – ausser natürlich biblische Moral. Der kollektive Verfall unserer Kultur wird nur noch von der persönlichen Verdorbenheit derer in den Schatten gestellt, die sie definieren. Es ist ein bedrohlicher Riss im Schiffsrumpf der Menschheit, durch den geistiger Wahnsinn hineinflutet, getarnt als «Aufgeklärtheit» und «progressives Denken». Und das Wasser strömt weiter rein.

Politische Korrektheit ist zu einem unserer neuen Götzenbilder geworden, das regelmässige Verehrung und Anbetung fordert. Dieser Götze gestattet es nicht, dass wir ihn ignorieren oder verärgern, es sei denn, wir wollen seinen Zorn zu spüren bekommen. Mit modischen, «differenzierten» Ansichten nicht einverstanden zu sein, heisst, als Hassredner oder Eiferer abgetan zu werden. Historische jüdisch-christliche Werte werden systematisch durch heidnische Moralvorstellungen ersetzt. Die Annahme, dass es nach wie vor eine absolute, objektive Moral gibt in Fragen wie Sexualität oder Ehe wird augenblicklich verurteilt, der öffentlichen Schande und des Spotts ausgesetzt und ohne viel Federlesen von der öffentlichen Meinung und den sozialen Medien zu Tode gesteinigt. Als Folge dieser und anderer himmelschreiender Anzeichen für den moralischen Verfall glauben viele, dass wir den systematischen Zusammenbruch der westlichen Zivilisation in Echtzeit erleben. Gerade so, als wäre alles Teil eines grösseren, unheilvollen Plans.

Ja, irgendetwas ist falsch an der *Menschheit*, etwas, das wir als Rasse allgemein nicht anerkennen wollen. In Wahrheit gehen die Wurzeln für unsere bösen Obsessionen viel tiefer als soziale, psychologische oder selbst moralische Gründe. Unter der Oberfläche unseres universellen Wahnsinns liegt ein geistliches Problem, ein tödlicher Virus, der beim ersten Menschenpaar seinen Ursprung nahm und von Generation zu Generation weitergegeben wurde.

Aber schauen Sie auf die internationale Ebene, und Sie werden feststellen, dass die Weltwirtschaft noch nie so instabil war, viele Nationen taumeln dem finanziellen Zusammenbruch entgegen. Laut dem Weltwirtschaftsforum ist die weltweite Wirtschaft heute an einer Reihe von Fronten verwundbar und steht mehr denn je in der Gefahr, «globale Schocks» zu erleiden. Diese wirtschaftlichen Erschütterungen machen vor nationalen Grenzen nicht halt und können die Fundamente ganzer Finanzsysteme und Gesellschaften ins Wanken bringen.[5] Die internationale Gemeinschaft ist heute so eng miteinander verbunden wie noch nie in der Geschichte. Die finanziellen Turbulenzen in einem Land haben oft dramatische Folgen in anderen Ländern. Die Wirtschaftskrise eines Staates hat Nachwirkungen in zehn anderen Nationen oder mehr. Das hat zu einer beispiellosen gegenseitigen Abhängigkeit auf einem immer enger zusammenwachsenden Finanzmarkt geführt.

In seinem Bericht über globale Risiken von 2014 betont das Weltwirtschaftsforum: «Eine Finanzkrise einer führenden Wirtschaft könnte leicht globale Auswirkungen haben.»[6] Einfach ausgedrückt, dieses weltweite Wirtschaftskartenhaus könnte jederzeit zusammenbrechen, ein Szenario, das problemlos mit dem Porträt einer zukünftigen wirtschaftlichen Katastrophe aus der Offenbarung übereinstimmt (vgl. Offb 13,16-17).

Schauen Sie sich um, dann werden Sie feststellen, dass unsere Welt auch reihenweise humanitäre Krisen zu bewältigen hat, von denen eine mehr als 780 Millionen hungernde Menschen auf der Erde sind.[7] Obschon die grosse Mehrheit von ihnen in Entwicklungsländern leben, ist doch einer von acht Menschen auf diesem Planeten betroffen. Stellen Sie sich das Ausmass vor, wenn es auf der Welt zu einer globalen Hungersnot kommt, wie die Offenbarung sie voraussagt. Die Aussichten, dass es den Menschen gut geht, sowohl in der Dritten Welt als auch in den Industrieländern, sinken rapide von unwahrscheinlich auf praktisch unmöglich. Zusätzlich bilden Menschenhandel, Sexhandel und Sexsklaverei zusammen eine 32 Milliarden Dollar schwere Industrie mit weltweit 21 Millionen Opfern.[8]

Was in aller Welt ist aus uns geworden?

Aus geopolitischer Sicht ist der Nahe Osten weiterhin ein empfindliches Minenfeld, das leicht durch einen falschen Schritt in Luft gehen könnte. Zu dieser tickenden Zeitbombe kommen noch die heimlichen Bemühungen des Iran hinzu, Nuklearwaffen zu entwickeln. Das angestrebte Ziel des Iran ist, das «Krebsgeschwür» der jüdischen Nation aus dem Körper der islamischen Welt zu entfernen und Israel von der Erdoberfläche auszuradieren.[9] Unterdessen hat Israel seine eigenen Probleme, da der anhaltende Konflikt mit der in Syrien ansässigen Hamas droht, jederzeit wie ein Pulverfass zu explodieren. Wiederholte Raketenangriffe von beiden Seiten sind nunmehr ein regelmässiger Bestandteil des Lebens im Nahen Osten.

Der biblischen Prophetie zufolge wird Russland ein wichtiger Akteur in der Endzeit sein, der seinem Ruf als unberechenbarer Staat gerecht wird und seine Präsenz an der israelischen Grenze ausgebaut hat. Berauscht von seiner eigenen Macht, ist

Russlands nächster Schritt zurzeit noch unbekannt, aber diese Nation könnte sich leicht für den apokalyptischen Krieg in Position bringen, den Hesekiel prophezeite.[10]

Es gibt aber noch mehr.

Der islamistische Terror nimmt immer mehr zu. Ein Beispiel dafür ist der Islamische Staat im Irak und Syrien (IS), der eine Zeit lang die Welt in Angst und Schrecken versetzte. Ihm gelang es, in relativ kurzer Zeit einen verheerenden Einfluss auszuüben. Nach seinen Anfängen als Splittergruppe von Al-Qaida wurde der IS bekannt für militärische Aktionen, Invasionen, brutale Foltermethoden und öffentliche Hinrichtungen, inklusive Kreuzigungen. Es ist ein apokalyptischer Islam auf Steroide, ein Zweig der dschihadistischen Ideologie, der glaubt, dass das Kommen ihres Mahdi (islamischer Messias) beschleunigt werden kann, wenn auf der Welt Chaos und Blutvergiessen herrschen.[11] Ironischerweise ist ihre bevorzugte Hinrichtungsart die Enthauptung. Indem er eine antike Form der blutigen Barbarei wieder aufleben liess, etablierte sich der IS als eine Gruppe von modernen Schlächtern. Enthauptungen haben sogar schon in den Vereinigten Staaten stattgefunden, selbst in ländlichen Gemeinden.[12] Und diese gottlosen Kämpfer unterscheiden nicht, wenn sie Hunderte von Frauen und kleinen Kindern brutal abschlachten. Die maskierten Monster des IS produzieren ihre eigenen «Snub-Videos» (Filme, die echte Morde zeigen), in denen ausgesuchte Enthauptungen und Hinrichtungen zu sehen sind, und stellen sie online in dem Versuch, ihre Sache voranzubringen und friedliebende Menschen weltweit zu terrorisieren.

Ihr Ziel war der Aufbau eines «Kalifats» (islamischer Staat) in Syrien und Irak. Nachdem sie eine Million Iraker aus ihren Häusern vertrieben hatten – viele von ihnen waren Christen –, übernahm der IS eine Zeit lang die Kontrolle über die Ölfelder und eroberte Städte in dieser Region.

Ihre schaurigen Ambitionen waren dabei nicht auf den Nahen Osten beschränkt. Ein Rundschreiben des US-Militärgeheimdienstes warnte vor potentiellen Angriffen von IS-Unterstützern und Sympathisanten in Amerika, die US-Militärpersonal und ihre Familien ins Visier genommen haben und drohen, «[bei ihnen zuhause] aufzukreuzen und sie niederzumetzeln».[13]

Natürlich können diese radikalen, terroristischen Wurzeln auf einen mehrere tausend Jahre alten Hass auf die Juden zurückverfolgt werden. Wie ein tödlicher Virus ist diese böse Feindschaft mutiert und hat sich mit dem Ziel ausgebreitet, andere ebenfalls verachtete Ungläubige zu vernichten (Christen, Freunde Israels sowie jeden, der nicht bereit ist, sich den repressiven religiösen Forderungen dieser sadistischen Serienmörder zu unterwerfen).

Als wäre dies nicht genug, haben einsame terroristische Angriffe (manchmal irrtümlich als «Gewalt am Arbeitsplatz» bezeichnet) auf amerikanischem Boden die Blase unseres angeblichen Schutzes vor dieser Bedrohung zum Platzen gebracht. Eine neue Ausprägung des Terrorismus hat sich entwickelt, bei der sich Einzelpersonen selbst radikalisieren und einen blutigen Rachefeldzug gegen Nichtmuslime führen. Leider gibt es keine sichere und effektive Präventivmassnahme gegen diese Terrorakte.

Mit einer Ideologie zu verhandeln, deren Anhänger glauben, sie hätten den «heiligen Auftrag», Aussenstehende zu unterwerfen oder zu töten, hat sich als unmöglich erwiesen. Bei der Erfüllung ihrer Mission diskutieren, argumentieren, verhandeln oder wanken sie nicht; vielmehr haben sie sich völlig ihrer unheiligen Sache verschrieben. Und alles deutet darauf hin, dass diese Ausprägung des Terrorismus weiter an Schwung gewinnt und Schläferzellen die freien Gesellschaften infiltrieren, um sie zu erobern und zu zerstören. Wer hätte gedacht, dass Worte wie *Dschihad* und *Terrorismus* zu einem festen Bestandteil unseres

Vokabulars würden? Es ist keine Frage, *ob* wir von einem weiteren Terroranschlag auf örtlicher oder nationaler Ebene bedroht sind, sondern *wann*. Führende Militär- und Geheimdienstkräfte glauben, dass sich diese Dschihadisten bereits auf amerikanischem Boden befinden.[14] Wir wissen, dass es momentan etwa 35 islamische Ausbildungslager für Terroristen in ganz Amerika gibt.[15] Diese muslimischen Extremisten haben auch geschworen, eines Tages «die Flagge Allahs über dem Weissen Haus zu hissen».[16]

Wir sind offiziell durch den Spiegel in eine andere Realität getreten. Und alles deutet darauf hin, dass sich unsere Welt auf die Zerstörung hinbewegt.

Aber genau das passiert, wenn die Menschheit aufbegehrt und Gott herausfordernd über Bord wirft. Das sind die Konsequenzen, wenn wir uns Ihm widersetzen und Ihn ablehnen; wenn der Mensch die Existenz des Schöpfers und Sein Herrschaftsrecht über Seine eigene Schöpfung zurückweist. Gott überlässt uns uns selbst, Milliarden von Menschen gefangen in ihrer versklavenden Verdorbenheit.

Wenn wir jedoch nur auf die Menschheit und das Weltgeschehen blicken, werden wir leicht von Angst und Unsicherheit überwältigt. Aus Angst ziehen wir uns dann zurück, engagieren uns nicht mehr in unserer Gesellschaft und vernachlässigen unser Zeugnis für Christus in der Welt. In dem Bemühen, dem gegenwärtigen Sündensturm zu trotzen, können auch die Jünger Christi den Fehler begehen, sich auf sich selbst zu verlassen, statt sich vom Herrn abhängig zu machen. Die verheerenden Tendenzen in der Welt können sich negativ auf unseren Glauben an Gott auswirken. Wenn wir das Chaos um uns herum betrachten, fragen wir uns vielleicht sogar, ob Er noch das Steuer in der Hand hält. Dirigiert Gott wirklich die Geschichte? Ist Er noch zuständig? Oder hat Er uns allesamt verlassen?

Gäbe es nicht die Realität eines souveränen Gottes, der über Geschichte und Menschheit wacht, würden wir sicherlich verzweifeln. Aber die Schrift versichert uns, dass der Gott des Himmels noch immer alles unter Kontrolle hat. Die eigentliche Frage ist: Glauben wir das? In Daniel 4,32 lesen wir: «Gegen welchen alle, die auf Erden wohnen, wie nichts zu rechnen sind; er verfährt mit dem Heer des Himmels und mit denen, die auf Erden wohnen, wie er will, und es gibt niemand, der seiner Hand wehren oder zu ihm sagen dürfte: Was machst du?»

Angesichts der um uns herum herrschenden Dunkelheit gibt uns der Prophet Jesaja in Jesaja 40,6-31 eine dringend benötigte Perspektive. Schlagen Sie Ihre Bibel auf und lesen Sie diese Stelle. Denken Sie über seine Worte nach.

## Unterdessen zu Hause ...

Auf der ganzen Welt rosten verlassene Schiffe an den Küsten und Stränden vor sich hin. Einige sind schon halb versunken, andere liegen bereits am Grund von Ozeanen und Seen. Sie haben Schiffbruch erlitten, weil sie vernachlässigt, aufgegeben oder abgeschossen wurden. Manche wurden den Gezeiten überlassen und treiben ziellos unter der Willkür von Wind und Wellen dahin. Viele gerieten in die Hände von Piraten. Gewaltsam verschafften sich diese Meeresterroristen Zugang zu ahnungslosen Schiffen, erbeuteten die Fracht und töteten Passagiere und Besatzung, bevor sie das Schiff entweder versenkten oder es dem Meer überliessen. Andere Schiffe trieben über das Wasser oder ruhen auf dem Meeresgrund, weil sie Kriegen, Stürmen, Feuer, einem beschädigten Steuerruder oder einem Mangel an Treibstoff oder Nahrung für die Besatzung zum Opfer fielen. Zuweilen trugen auch ungünstige Winde oder Flauten zum Untergang von einst stolzen Schiffen bei. Der gemeinsame Nenner dieser Geisterschiffe ist jedoch, dass sie alle *verloren* sind, treibend auf den

Weiten des Ozeans, ohne Hilfe oder Hoffnung und ohne Steuermann, der sie in den sicheren Hafen führt.

Was für Schiffe gilt, kann leider auch auf Menschen zutreffen. Dieselbe Gefahr, die Schiffe auf See bedroht, betrifft auch jene, die sich Christen nennen. Deshalb ermahnte der Apostel Paulus die Korinther: «Prüft euch selbst, ob ihr im Glauben seid; stellt euch selbst auf die Probe! Oder erkennt ihr euch selbst nicht, dass Jesus Christus in euch ist? Es sei denn, dass ihr unecht wärt!» (2Kor 13,5; siehe auch 1Kor 10,12).

Eindringlich schrieb Petrus den zerstreuten Gläubigen in einer dekadenten Gesellschaft unter der Herrschaft einer heidnischen Regierung: «Darum, Brüder, seid umso eifriger bestrebt, eure Berufung und Auserwählung festzumachen; denn wenn ihr diese Dinge tut, werdet ihr niemals zu Fall kommen; denn auf diese Weise wird euch der Eingang in das ewige Reich unseres Herrn und Retters Jesus Christus reichlich gewährt werden» (2Petr 1,10-11).[17]

In einer Welt, die auf die Offenbarung zurast, segelt die Gemeinde Jesu heute durch unruhige Gewässer. Sie läuft voll Wasser, während einige ihrer Passagiere absolut zufrieden mit ihrem wöchentlichen Sonntagsbüffett zu sein scheinen. Wie die von Christus in Offenbarung 2–3 gescholtenen Gemeinden steht die Christenheit als Ganzes heute vor einer weitaus tödlicheren Bedrohung als einem Terroranschlag. Wie wir noch feststellen werden, befindet sich die Braut Christi nicht in tadellosem Zustand. An manchen Stellen hat sie einen Riss im Schiffsrumpf, ihr Ruder verloren, nicht genug Wind in den Segeln und ist vom Kurs abgekommen, den Gott für sie festgelegt hat.

Vor ihr liegt das verborgene Riff des Glaubensabfalls, und niemand verstand dies besser als Paulus, denn der viel gereiste Apostel erlitt drei Mal einen echten Schiffbruch (s. Apg 27,27-44; 2Kor 11,25-26)! Diese Erfahrung nutzte er als ausdrucksstarke

Metapher für Beispiele eines *geistlichen* Schiffbruchs, wobei er Einzelne sogar mit Namen nennt:

> Dieses Gebot vertraue ich dir an, mein Sohn Timotheus, gemäss den früher über dich ergangenen Weissagungen, damit du durch sie gestärkt den guten Kampf kämpfst, indem du den Glauben und ein gutes Gewissen bewahrst. Dieses haben einige von sich gestossen und darum im Glauben *Schiffbruch erlitten.* Zu ihnen gehören Hymenäus und Alexander, die ich dem Satan übergeben habe, damit sie gezüchtigt werden und nicht mehr lästern (1Tim 1,18-20).

Den Worten des Paulus können wir mehrere wichtige Beobachtungen und Prinzipien entnehmen:

1. Den Glauben zu verlieren oder aufzugeben, ist gleichzusetzen mit Abfall vom Glauben oder «Schiffbruch» erleiden.
2. Die beiden von Paulus erwähnten Männer waren nicht die Einzigen, die den Glauben aufgaben.
3. Der Abfall vom Glauben zieht spürbare und schmerzliche Folgen nach sich.

Zugegeben, alle Nachfolger Christi erleben Stürme und gehen gelegentlich durch Zeiten der Sünde. Das gehört zum Spannungsfeld zwischen Versuchung und Heiligung. Es ist aber ein riesiger Unterschied, ob Wasser in ihr Boot gelangt oder ob es sinkt. Ebenso gross ist der Unterschied, ob sie vorübergehend vom Kurs abweichen oder totalen Schiffbruch erleiden. Die gute Nachricht ist: Gott hat verheissen, Seine Kinder zu züchtigen, wenn sie, ob aktiv oder passiv, vom Kurs abkommen und in die Sünde abrutschen (s. Hebr 12,4-11). Gelegentlich irren wir ab, segeln zu nahe an der felsigen Küste entlang und hängen an jenen verborgenen Riffen fest, ohne jedoch zu kentern und unterzugehen.

Für andere gibt es hingegen keine Rettung vor dem tobenden Meer, keine Bergung aus der Tiefe. Diese einst bekennenden Gläubigen mögen sich mit guten Absichten und edlen Motiven auf den christlichen Pilgerpfad begeben haben. Sie waren vielleicht sogar auf dem richtigen Kurs, bekamen die gesunde Lehre gepredigt oder gehörten einer gesunden Glaubensgemeinschaft an. Doch so wichtig wie diese Dinge auch sind, für sich genommen sind sie nicht genug. So wurden diese selbst ernannten Nachfolger Gottes schliesslich zu geistlichen «Geisterschiffen». Es geht nicht darum, dass sie ihre Errettung verloren haben, vielmehr zeigen sie, was sie wirklich sind. An irgendeinem Punkt in ihrem Leben haben sie mit dem Gedanken gespielt, ein Jünger Jesu zu sein, aber ihr letztendlicher Abfall vom Glauben offenbarte sie als falsche Christen. Wie Jesus offen warnte, Ihn zu *bekennen*, ganz gleich wie selbstbewusst, bedeutet nicht zwangsläufig, Ihn auch zu *besitzen* (s. Mt 7,21-27). Aus diesem Grund inspirierte der Heilige Geist Johannes zu den Worten: «Wer sagt: ‹Ich habe ihn erkannt›, und hält doch seine Gebote nicht, der ist ein Lügner, und in einem solchen ist die Wahrheit nicht» (1Jo 2,4).

Fakt ist: Menschen irren ab, straucheln und sinken. Ebenso wie Gemeinden und ganze Denominationen. Wer nur so tut, als würde er an Jesus glauben, kommt leicht vom Kurs ab. Einige erliegen falschen Lehren oder lassen sich wie die Gemeinde in Ephesus den Wind aus den Segeln nehmen, was sich darin bemerkbar machte, dass es ihnen an brennender Liebe zu Jesus Christus fehlte (s. Offb 2,4).

Das «Abfallen vom Glauben» (bekannt als *Apostasie*) kann ein nebulöses Konzept sein, möglicherweise weil es selten studiert, gepredigt oder verstanden wird von einer Generation von Gemeindebesuchern, die ihre geistliche Temperatur daran misst, wie sehr sie den Gottesdienst «genossen» hat, und ihren geistlichen Fortschritt nach der Übereinstimmung mit Regeln und Religiosität beurteilt. Aber unser christlicher Glaube geht viel tiefer als das. Als Gläubige zu reifen, bedeutet unter anderem, sich mit den gewichtigeren Themen im Wort Gottes zu beschäftigen. Während wir wachsen, entdecken wir neben all den Segnungen Gottes (Seine Gegenwart, Frieden, Fürsorge und Seine treue und bedingungslose Liebe), dass Er sich auch um Seine Gemeinde sorgt, insbesondere um ihre Tendenz, lehrmässig und persönlich abzuirren. Diese Gefahren existieren, weil die Welt böse ist, der Feind uns vernichten will und unser Herz zum Abirren neigt (s. Eph 2,1-3). Je näher wir aber dem Herz Gottes kommen, umso empfindsamer werden unsere Herzen und öffnen sich den tieferen Themen des Wortes Gottes. Wir fangen an, uns das zu wünschen, was Er will, was bedeutet, «zuerst nach dem Reich Gottes und nach seiner Gerechtigkeit» zu trachten (Mt 6,33; s. auch Ps 37,4; Spr 3,5-6). Manchmal denken wir vielleicht, die wirklich wichtigen Wahrheiten und Fragen über die Gemeinde wären nur etwas für Pastoren und Älteste. Aber auch einzelne Christen haben eine Verantwortung, die Einheit und Reinheit der Gemeinde zu bewahren (s. 2Kor 11,1-3; Eph 4,3). Wir *alle* sollen die Wahrheit kennen und verstehen. Wenn nicht, wäre ein Grossteil der paulinischen Briefe für den durchschnittlichen Gläubigen irrelevant. Dies ist aber nicht der Fall, denn «*alle* Schrift ist von Gott eingegeben und nützlich» für uns (2Tim 3,16).

## Der Kapitän unserer Errettung

Apostasie ist der Abfall vom Glauben, und er kann ganz allmählich fortschreiten, ohne dass der Mensch es merkt. Das Gegenteil kann der Fall sein, wenn Stolz verbunden mit falscher Lehre zu einer überheblichen, selbstgefälligen und selbstgerechten Haltung führt. Direkt unter der Oberfläche liegend, neigt sie dazu, genau das zu zerstören, was uns über Wasser hält – unseren Glauben. Vielleicht kennen Sie Menschen, die aufbrachen in den sicheren Hafen in Christus, nur um auf den zerklüfteten Felsen des Unglaubens zu enden. Ohne im wahren biblischen Glauben verankert zu sein, treiben sie in einem Zeitalter noch nie da gewesenen, pseudo-christlichen Denkens umher. Hin und wieder werden sie von den Winden der progressiven Theologie, des postmodernen Denkens oder gottloser Philosophien und Werte angetrieben. Emotional werden sie möglicherweise von politischer Korrektheit und ihrer eigenen Vorstellung von Gott bestimmt. In einer Zeit grenzenloser Information, in der selbst ernannte Wahrheitsverkünder unschuldigen und ungeschulten Gemeindemitgliedern falsche Glaubensformeln andrehen, überrascht es nicht, dass sich manche in diesem dichten Nebel verirren. Aus diesem Grund braucht jeder bekennende Gläubige einen Magnetkompass, eine Karte, einen Anker, einen Leuchtturm mit einem klaren Signalfeuer – ein unfehlbares GPS, das ihn jeden Schritt des Weges leitet.

Und deshalb haben wir auch einen Kapitän nötig.

Jesus hat verheissen, dass *Er* Seine Gemeinde bauen würde, «und die Pforten des Totenreiches sollen sie nicht überwältigen» (Mt 16,18). Diese Verheissung hat Er eingelöst und wird es auch weiterhin tun. Dennoch ist es nicht genug, einfach nur Verse zu zitieren und zu behaupten, man wäre immun gegen die Angriffe des Feindes. Da Christus für die Sünde bezahlt hat, wird jeder Gläubige sicher in den Himmel kommen. Das aber garantiert kein Leben ohne sporadische Zeiten von Gleichgültigkeit, Ichbezogenheit, moralischem Versagen, lehrmässigem Abweichen oder der vorübergehenden Verführung durch Irrlehrer. Uns wird nicht automatisch zugesichert, dass wir durchgehend eine sichere geistliche Überfahrt haben werden. Doch selbst inmitten unseres Umherirrens und Abschweifens bleibt

Gott uns treu – viel treuer als wir Ihm sind (s. Phil 1,6). Ja, Christus wird Seine Gemeinde bauen. Er hat sie durch die Geschichte *und* durch Irrlehren hindurch gegründet und bewahrt. Und der Tod wird sie nicht besiegen oder dauerhaft scheitern lassen. Das bedeutet allerdings nicht, dass sie in diesen letzten Tagen, in denen wir leben, nicht einem rauen Seegang ausgesetzt ist. Sie wird von deutlichen Gefahren bedroht, die auch *Sie* bedrohen. Es gibt Probleme, die manche für gering oder nebensächlich halten, aber dennoch lassen sie uns von der Karte des Glaubens abweichen. Und je länger wir nicht auf Kurs sind, wenn auch nur um ein paar Grad, umso weiter entfernen wir uns von unserem geplanten Ziel.

Piloten, die Flugpläne um nur ein Grad falsch berechnen, können ihren Zielort um Hunderte von Kilometern verfehlen, oder, noch schlimmer, geradewegs in einen Berg rasen. Pharmazeuten, die beim Mischen von Chemikalien einen Fehler begehen, können ihre Kunden vergiften.

Dasselbe gilt für uns, deshalb müssen wir uns stets bemühen, den Kurs Gottes und Seines Wortes einzuhalten. Auch wenn Christen in Randbereichen der Lehre nicht immer einer Meinung sind, verringert das nicht im Geringsten die Bedeutung der Lehre an sich. Und wir dürfen nicht leichtfertig irgendeinen Teil des Wortes Gottes aufgeben, denn das, was wir glauben, zählt.

## Das Gebet des Herrn

An Seinem letzten Abend sass Jesus noch einmal mit den Jüngern beim Essen zusammen, und anschliessend führte Er sie an einen Ort, der ihnen sehr vertraut war (s. Joh 18,2). Direkt ausserhalb der Mauern Jerusalems gelegen, wurde dieser mit Olivenbäumen bepflanzte Garten zum Lieblingstreffpunkt für Jesus und die Zwölf. Das Wort *Gethsemane* stammt von zwei hebräischen Begriffen, die zusammengenommen «ein Ort zum

Ölpressen» bedeuten. In der Kultur der Antike wurden schwere Steinplatten benutzt, um Oliven so lange zu zerquetschen, bis sie kein Öl mehr hergaben. Anschliessend wurde das Öl für den Hausgebrauch in Tonkrüge gefüllt. Jesus war diese allgemein übliche Praktik bekannt. Er wusste auch, was dieses Wort für Ihn ankündigte. Als sie am Abend dort ankamen, hatte Jesus Angst, als Er daran dachte, vom Zorn Gottes auf die Sünde zerdrückt zu werden. Und nachdem Er sich eine einsame Stelle ausgesucht hatte, fiel Jesus auf Sein Angesicht und schüttete dem Vater im Gebet Sein Herz aus.

In diesem sehr intimen und inbrünstigen Gebet bat der Sohn Gottes den Vater ausdrücklich, Seine Nachfolger *nicht* aus der Welt zu nehmen, sondern «dass du sie bewahrst vor dem Bösen». Der Grund dafür, sagt Er, ist, dass Seine Jünger nicht von der Welt sind – oder aus dem Gott dieser Welt (Joh 17,15-16; s. 2Kor 4,4). Aber wie genau würden die gegenwärtigen und zukünftigen Jünger Christi vor dem betrügerischen und zerstörerischen Einfluss des Teufels bewahrt bleiben? Die Antwort findet sich direkt im nächsten Vers. «Heilige sie in deiner Wahrheit!», betete Jesus zum Vater. Danach bestätigte Er: «Dein Wort ist Wahrheit» (Joh 17,17).

Der lebensverändernde und bleibende Einfluss des Wortes Gottes in unserem Leben ist eine wesentliche Gegenmassnahme gegen die Angriffe des Teufels. Als Nachfolger Jesu dürfen wir das nicht vergessen, wenn wir der gottlosen Welt, in der wir leben, entgegentreten. Wir müssen aber auch erkennen, dass es noch andere Bedrohungen gibt, von denen einige aus der Gemeinde selbst kommen.

Leider ist es heute Realität, dass die Welt und die Gemeinde oftmals nicht voneinander zu unterscheiden sind. Weltliche Philosophien und Werte dringen in den Leib Christi ein, moralische Werte werden angepasst und neue Theologien tauchen auf. Das führt zu einem fatalen Bruch, der es anderen Halbwahrheiten und betrügerischen Irrlehren ermöglicht, in den Leib zu gelangen. Und warum ist dies ein Grund zur Sorge? Warum ist es eine so grosse Sache? Nur wenige Dinge haben das Blut von Paulus mehr zum Kochen gebracht als falsche Lehrer, die das Volk Gottes täuschen und verführen (s. Gal 1,6-9; 3,1-4; 5,1.7-12). Später mehr darüber.

Das Prinzip, das wir dem Gebet Jesu entnehmen können, ist, dass wir gereinigt und geschützt sind, wenn wir der Wahrheit Gottes glauben und nach ihr leben. Einfach ausgedrückt, wenn wir *biblisch* denken, ist es weniger wahrscheinlich, dass wir ziellos umhertreiben. Wenn wir unser Denken nicht vor unbiblischen Ideen, Überzeugungen und Lehren schützen, bewegen wir uns gefährlich nahe an der Katastrophe. Wenn wir die Schrift an unser eigenes Denken anpassen (und nicht umgekehrt), entfernen wir uns von Gottes Herzen und Seinen Gedanken. Und wir verpassen Sein Bestes für uns.

Wir haben dieses Buch aus mehreren wichtigen Gründen geschrieben: 1) um Ihnen verständlich zu machen, was es bedeutet, vom Glauben abzufallen; 2) um Ihnen zu zeigen, dass der Glaubensabfall überall um uns herum wogt und ein ernstes Zeichen der Endzeit ist; 3) um Sie vor geistlichem Schiffbruch und der Gefahr des Sinkens zu schützen; und 4) um Ihnen die Wahrheit deutlich zu machen, damit Sie auf Kurs bleiben, während Sie auf die Rückkehr Christi warten.

Heute beten viele Menschen für eine grosse Erweckung, und auch wenn sie eintreffen könnte, so ist sie doch nicht vorhergesagt. Im Gegenteil, der Schrift zufolge wird ein grosser Abfall vom Glauben kommen.

Aber wie nahe sind wir ihm?

## Fussnoten

[1] «Shock Poll: Startling Numbers of Americans Believe World Now in the ‹End Times›», Religion News Service, 11. September 2013, http://pressreleases.religionnews.com/2013/09/11/shock-poll-startling-numbers-of-americans-believe-world-now-in-the-end-times.

[2] Aamer Madhani, «Several Big U. S. Cities See Homicide Rates Surge», *USA Today*, 10. Juli 2015, http://www.usatoday.com/story/news/2015/07/09/us-cities-homicide-surge-2015/29879091/.

[3] «Number of Abortions–Abortion Counters», *US Abortion Clock.org*, Zugriff am 10. August 2016, http://www.numberofabortions.com.

[4] Bob Unruh, «Psychiatrists Seek to Destigmatize Adult-Child Sex», *WND*, 22. August 2011, http://www.wnd.com/2011/08/336869.

[5] «Global Risks 2014 Insight Report», World Economic Forum, http://reports.weforum.org/global-risks-2014.

[6] Kim Hjelmgaard, «Ten Greatest Threats Facing the World in 2014», *USA Today*, 16. Januar 2014, http://www.usatoday.com/story/news/world/2014/01/16/wef-biggest-risks-facing-world-2014/4505691.

[7] «2015 World Hunger and Poverty Facts and Statistics», *World Hunger Education Service*, http://www.worldhunger.org/articles/Learn/world%20hunger%20facts%202002.htm#Number_of_hungry_people_in_the_world.

[8] «New ILO Global Estimate of Forced Labour: 20,9 Million Victims», *International Labour Organization*, 1. Juni 2012, http://www.ilo.org/global/topics/forced-labour/news/WCMS_182109/lang--en/index.htm.

[9] Joshua Teitelbaum und Michael Segall, «The Iranian Leadership's Continuing Declarations of Intent to Destroy Israel, 2009-2012», *The Jerusalem Center for Public Affairs*, http://jcpa.org/wp-content/uploads/2012/05/IransIntent2012b.pdf.

[10] Dieser Krieg, der allgemein als «Die Schlacht von Gog und Magog» bekannt ist, wird eine gewaltige Invasion islamischer Nationen beinhalten, die sich hinter Russland und seinen Führer stellen. Ihr Ziel wird die Auslöschung Israels sein. Aber Gott wird auf übernatürliche Weise eingreifen und Sein Bundesvolk zu Seiner Verherrlichung retten. S. Hes 38–39.

[11] Eine ausführlichere Untersuchung findet sich in Mark Hitchcock, *Iran & Israel* (Dübendorf, Schweiz: Verlag Mitternachtsruf, 2013).

[12] Greg Botelho, «Police: FBI Probing Past of Suspect in Oklahoma Beheading», *CNN*, 27. September 2014, http://www.cnn.com/2014/09/26/us/oklahoma-beheading.

[13] Catherine Herridge, «Army Warns US Military Personnel on ISIS Threat to Family Members», *Fox News*, 2. Oktober 2014, http://www.foxnews.com/politics/2014/10/02/army-warns-us-military-personnel-on-isis-threat-to-family-members.

[14] «Military Experts: With ISIS in El Paso, Ft. Bliss in Danger of Terrorist Attack», *Judicial Watch* (Blog), 4. September 2014, http://www.judicialwatch.org/blog/2014/09/military-experts-isis-el-paso-ft-bliss-danger-terrorist-attack.

[15] «Terrorist Training Camps in the US», *Military.com*, 18. Februar 2009, http://military.com/video/operations-and-strategy/domestic-terrorism/terrorist-training-camps-in-the-us/660940716001.

[16] Douglas Ernst, «ISIL to U.S.: ‹We will raise the flag of Allah in the White House›», *Washington Times*, 8. August 2014, http://www.washingtontimes.com/news/2014/aug/8/isil-us-we-will-raise-flag-allah-white-house. Im Oktober 2015 sagte FBI-Direktor James Comey, es würde mindestens neunhundert aktive Ermittlungen hinsichtlich dschihadistischer (IS-bezogener) Aktivitäten auf amerikanischem Boden geben. Das FBI untersucht IS-bezogene Aktivitäten in allen fünfzig Bundesstaaten, was bedeutet, dass der IS ein Netzwerk von Unterstützern und Sympathisanten in jedem Staat des Landes hat. Siehe Kevin Johnson, «Anxiety Grows over ISIL Recruits in U. S.», *USA Today*, 14. November 2015, http://www.usatoday.com/story/news/2015/11/14/isil-recruits-in-us-worry-officials/75774094.

[17] All die wichtigen Eigenschaften, von denen Petrus in diesem ersten Kapitel spricht (V. 5-9), sind auf die unverfälschte Erfahrung eines Gläubigen mit dem Wort Gottes zurückzuführen (V. 3-4).

KAPITEL 2

# DIE FÜNFTE KOLONNE

1939 näherte sich der Spanische Bürgerkrieg dem Ende, und General Mola bereitete sich zum Angriff auf Madrid vor. Er verfügte über vier Kolonnen, um die Stadt einzunehmen, und jemand fragte Mola, welche von ihnen zuerst angreifen würde. «Die fünfte», lautete seine mittlerweile weltberühmte Antwort.

General Molas wichtigste Angriffslinie war nicht das Militär ausserhalb der Stadt, sondern jene Rebellen, die in der Stadt mit ihm sympathisierten. Sie blieben unbemerkt, während sie sich auf sein Vorrücken vorbereiteten. Der Begriff *Fünfte Kolonne* meint seitdem jene, die mit einem Angreifer sympathisieren und ihm von innen helfen.[1]

Die Fünfte Kolonne in der Christenheit ist der Abfall vom Glauben. Seien wir doch ehrlich: Das Wort *Abfall* ist hässlich und hart – und wird oft missverstanden. Doch das Thema ist der Bibel nicht fremd. Wir alle reden gerne über die positiven Dinge und überlassen die negativen den anderen, aber der Abfall vom Glauben ist ein wichtiges Thema im Neuen Testament. Seit den frühsten Tagen hat die Gemeinde das Fortschreiten der Apostasie erlebt. Viele neutestamentliche Briefe wurden geschrieben, um verschiedene Formen der Irrlehre innerhalb der Gemeinden anzusprechen. Obwohl die Apostasie nichts Neues für die Gemeinde ist, tritt sie in jüngster Zeit immer deutlicher hervor. Wie A. W. Tozer schrieb: «Heute halten Christen gelehrte Reden über Dinge, die einfache Gläubige immer für selbstverständlich angesehen haben. Sie sind in der Defensive und versuchen Dinge zu beweisen, die die vorangegangene Generation nie angezweifelt hat.»[2] Sie können sich wahrscheinlich denken, wie viel mehr diese Aussage heute den Tatsachen entspricht.

## Zwei Kriege

Die heutige Welt erlebt zwei anhaltende Kriege – zwei Kriege an zwei Fronten. Die eine Front liegt im Osten, wo radikale Islamisten einen brutalen, blutigen und barbarischen Krieg führen, um ihr Kalifat aufzurichten. Sie wollen ihre Religion ausbreiten, um die Welt zu beherrschen. Das Gespenst des radikalen Islam wirft seinen unheilvollen Schatten über den ganzen Globus. Die andere Front ist im Westen. Der Krieg im Westen ist philosophischer Natur – der Versuch, eine andere Religion, das Christentum, ihres Einflusses zu berauben. Der Krieg im Osten wird geführt, um die eine Religion weiter auszubreiten. Der Krieg im Westen zielt darauf ab, die andere Religion auszurotten.

Diese beiden Kriege sind eng miteinander verbunden. Die abnehmende Rolle des Christentums im öffentlichen Leben hat den Westen unfähig oder zumindest widerwillig gemacht, sich gegen das reine Böse in Form des IS und anderer militanter Dschihadisten zu erheben. Der Westen reagiert zunehmend wie gelähmt und machtlos auf das absolute Böse. Säkularismus und Humanismus haben die Fähigkeit getrübt, das Böse zu erkennen, selbst in seinen unverhohlensten Ausprägungen, und entschieden dagegen vorzugehen.

Das Christentum wird von innen und von aussen angegriffen. Von aussen wird der christliche Glaube von Atheisten, Säkularisten und Humanisten gnadenlos ins Sperrfeuer genommen. Und auf der anderen Seite setzen liberale Theologen und alle möglichen Arten von Irrlehrern wesentliche christliche Lehren und moralische Grundsätze herab oder leugnen sie sogar. Das ist Apostasie, und sie zerfrisst das Herz des biblischen Christentums wie Krebs.

## Der grosse Abfall vom Glauben

Bevor wir weitermachen, wollen wir uns an die Bedeutung von *Apostasie* erinnern. Im Allgemeinen ist Apostasie das Aufgeben oder Verlassen der Lehren einer religiösen Gemeinschaft. Das griechische Wort *apostasia* bedeutet «Rebellion» oder «Aufgabe». Im weitesten Sinne ist christliche Apostasie das Aufgeben und Verlassen der Wahrheit der Schrift. Andy Woods beschreibt es so:

> Das englische Wort *apostasy* (dt. Apostasie) stammt von zwei griechischen Wörtern. Das erste ist die Präposition *apo*, die «weg von» bedeutet. Das zweite Wort ist das Verb *histēmi*, was «stehen» bedeutet. Somit bedeutet Apostasie «wegstehen von». Apostasie bezieht sich auf das Verlassen einer bekannten oder zuvor übernommenen Wahrheit. Das Thema Apostasie hat wenig mit dem Zustand der unerretteten Welt zu tun, die die Wahrheit Gottes schon immer abgelehnt hat und sich daher von nichts verabschieden kann. Apostasie hat vielmehr mit der geistlichen Temperatur innerhalb der Gemeinde Gottes zu tun.[3]

Abgefallene sind jene, die den Glauben bekennen, aber gegen ihn rebellieren oder sich von ihm verabschieden. Sie haben Christus und das ewige Leben nie besessen, sondern lediglich den Glauben bekannt.[4] Im Neuen Testament zeichnen sich Abgefallene stets durch zwei Dinge aus: eine falsche Lehre und eine gottlose Lebensweise. Abgefallene glauben das Falsche und verhalten sich falsch. «Sie geben vor, Gott zu kennen, aber mit den Werken verleugnen sie ihn» (Tit 1,16). Abgefallene sind die Fünfte Kolonne innerhalb der sichtbaren Gemeinde.

Einige Abgefallene leugnen den Glauben und verlassen die Gemeinde. Andere leugnen den Glauben und bleiben in der Gemeinde. Obwohl beide Gruppen schädlich sind, ist die zweite schlimmer, da sie bleibt und die Grundlage der Gemeinde Jesu Christi untergräbt. In unserer Zeit herrscht ein ungezügelter und immer mehr um sich greifender Abfall vom Glauben. Die Fünfte Kolonne hat sich heute in fast allen grossen Denominationen in Amerika fest etabliert und sich in den meisten theologischen Seminaren ausgebreitet, was nicht weniger als ein Erdrutsch ist. Jeder Aspekt des Christentums steht unter anhaltendem Beschuss. Die lehrmässige Basis wird mit einem irren Tempo angefochten und aufgegeben. Mit Schrecken erleben wir, wie sich einzelne Personen, Gemeinden und sogar ganze Denominationen von der Wahrheit abwenden. Die gesunde Lehre steht unter Belagerung.

Der Aufstieg der modernen Technologie, die zur Ausbreitung des Evangeliums und gesunder biblischer Lehre beigetragen hat, hat auch einer endlosen Flut von Lehren Gehör verschafft, die die Wahrheit der Schrift regelmässig untergraben. Die Blogwelt ist ein fruchtbarer Boden für seichte, zweifelhafte und sogar teuflische Lehren, die viele Gläubige benebeln und verwirren und Abgefallenen Munition liefern. Anhänger zu finden, ist leichter als je zuvor.

Natürlich hat der Abfall vom Glauben der Gemeinde schon immer zugesetzt, aber noch nie so wie heute. Vor Kurzem sagte beispielsweise ein Professor an einem angesehenen christlichen College, dass Islam und Christentum denselben Gott anbeten. Natürlich ist diese Aussage eindeutig falsch, da der Gott des Christentums ein dreieiner Gott ist (ein Gott bestehend aus drei Personen – Vater, Sohn und Heiliger Geist), während der Islam die Gottheit Christi leugnet. Das Christentum lehrt, dass Jesus der einzige Weg zu Gott ist, wenn man ihn also leugnet, kann man nicht zu Gott kommen. Das College entschied sich, den Professor zu entlassen, der sagte, dass Gott und Allah ein und derselbe sind. Das begrüssen wir, aber ihre Stellungnahme (und die Diskussion, die sie entfachte) enthüllt die zunehmende Ansicht, dass die klare biblische Lehre nebulös, verwirrend und sogar widersprüchlich ist.

Den Abfall vom Glauben gibt es schon seit den Anfängen der Gemeinde. Aber könnte es sein, dass die Flut des Abfalls in den letzten Jahrzehnten ein weiteres Zeichen für das nahe bevorstehende Kommen des Herrn ist? Ist der zunehmende Abfall ein Vorbote der Endzeit? Ist es denkbar, dass die Gemeinde heute an der Schwelle jener dunklen Zeit steht, die für das Ende des Zeitalters vorhergesagt ist?

*Die Zeit der Zeichen*

Um ein Puzzle zusammenzusetzen, brauchen wir das Bild auf der Schachtel. Alle Teile am richtigen Ort und an der richtigen Stelle sehen aus wie dieses Bild. Die Bibel enthält ein detailliertes Bild vom endzeitlichen Muster oder Szenario, das als das Bild auf der Schachtel dient. Heute ähnelt unsere Welt mehr und mehr diesem Bild. Hier einige der wichtigsten Puzzleteile, die sich ins Gesamtbild einfügen.

*Rückkehr des jüdischen Volkes*

Viele Endzeit-Prophezeiungen der Schrift hängen auf die eine oder andere Weise davon ab, dass das jüdische Volk wieder in seinem alten Heimatland lebt. Entgegen allen Erwartungen kehrt das jüdische Volk nach fast zweitausend Jahren Zerstreuung zurück in sein Land. Nahezu 40 Prozent der Juden sind zurückgekehrt, und wie die Bibel prophezeit, werden sie ständig angegriffen oder von Angriffen bedroht. Der heutige Staat Israel wurde zu Recht ein Superzeichen der Endzeit genannt.

*Aufkommende Globalisierung*

Die Globalisierung ist ein weiteres erkennbares Zeichen der Zeit. Die Schrift sagt an vielen Stellen voraus, dass die Welt in der Endzeit unter der Herrschaft eines Mannes stehen wird (s. Offb 13,1-18; 17,11-15). So wie Nimrod über die Welt in den Tagen nach der Flut herrschte, bevor die Menschen über die ganze Erde zerstreut wurden, wird der Teufel die Welt wieder unter der Herrschaft eines von ihm kontrollierten Mannes zusammenbringen (s. 1Mo 11,1-9; Offb 13,4). Die durch Technologie und internationalen Handel beschleunigte Globalisierung deutet auf erstaunliche Weise an, was die Bibel sagt.

*Unterzeichnung eines Friedensvertrages*

Der Schrift zufolge wird die Endzeit mit einem Friedensvertrag zwischen dem letzten Weltherrscher (dem Antichrist) und der Nation Israel beginnen (s. Dan 9,27; Hes 38,8.11). Andere biblische Verweisstellen deuten zu Beginn der Endzeit eine kurze Zeit des Weltfriedens an (s. 1Thes 5,1-3; Offb 6,1-4). Dass heute weltweit der Ruf nach Frieden in unruhigen Zeiten laut wird, macht deutlich, worauf wir uns zubewegen. Die Welt sucht nach jemandem, der unserem schwer gezeichneten Planeten Sicherheit und Frieden bringen kann.

*Kriegsgerüchte im Nahen Osten*

Dass die Welt so sehr auf den Nahen Osten fokussiert ist, ist ein weiteres Zeichen der Endzeit. Diese Region ist der Ausgangspunkt für viele Ereignisse am Ende des Zeitalters. Die Aufmerksamkeit der Welt ist heute auf den Nahen Osten gerichtet, so wie wir es erwarten sollten, wenn das Kommen des Herrn nahe bevorsteht.

Die in Hesekiel 38,1-7 aufgeführten Nationen (u. a. Russland, Iran und Libyen) hegen alle den Willen und Wunsch, Israel anzugreifen, so wie es Hesekiel vor mehr als 2500 Jahren prophezeite.

*Die Rebellion der Apostasie*

Es könnten noch viele andere wichtige Zeichen erwähnt werden. Aber ein Zeichen der Endzeit, das häufig ignoriert oder übersehen wird, ist der zunehmende Abfall vom Glauben, oder das letzte grosse Abfallen. Andy Woods schreibt: «Der Abfall vom Glauben ist ein weiteres Zeichen, das oft direkt vor unseren Augen stattfindet, wir aber nicht als ein Zeichen des Endes wahrnehmen. Die Apostasie ist das konkrete von der Schrift erwähnte Zeichen, das andeutet, dass sich die Gemeinde dem Ende ihres irdischen Auftrags nähert.»[5] Das Neue Testament sagt, dass ein letzter grosser Abfall vom Glauben kommen wird. Um dieses zukünftige Ereignis zu verstehen, müssen wir uns an 2. Thessalonicher 2 wenden.

## Apostasie und die Apokalypse

Die Briefe des Apostel Paulus an die Thessalonicher wurden auf seiner zweiten Missionsreise während seines Aufenthalts in Korinth geschrieben (s. Apg 18,1-11). Während diese Briefe viele wichtige Themen ansprachen, ist das hervorstechende Merkmal jedoch ihr Schwerpunkt auf der Zukunft. Sie werden oft die «eschatologischen Briefe» genannt, da das Kommen des Herrn in jedem Kapitel erwähnt wird.

2. Thessalonicher 2 gehört zu den grossen prophetischen Kapiteln der Schrift. In der ganzen Bibel deckt kein anderes Kapitel dasselbe prophetische Thema ab. Um dieses Kapitel und

seinen Inhalt zu verstehen, brauchen wir etwas Hintergrundwissen. Nicht lange nachdem Paulus diesen Brief an die Thessalonicher geschrieben hatte, standen Lehrer in der Gemeinde auf, die sich für eine falsche Lehre stark machten. Das Wesen dieser speziellen Irrlehre war, dass der Tag des Herrn schon gekommen war und sich die Gemeinde in der grossen Drangsal befand. Die Drangsalszeit oder der Tag des Herrn ist die letzte Zeit des weltweiten Gerichts, das dem zweiten Kommen Christi vorausgeht. Diese falsche Lehre nahm offensichtlich mehrere Formen an, von denen eine ein gefälschter Brief war, der angeblich vom Apostel Paulus stammte. Bevor er die Sache klarstellt, spricht Paulus das Problem an:

> Wir bitten euch aber, ihr Brüder, wegen der Wiederkunft unseres Herrn Jesus Christus und unserer Vereinigung mit ihm: Lasst euch nicht so schnell in eurem Verständnis erschüttern oder gar in Schrecken jagen, weder durch einen Geist noch durch ein Wort noch durch einen angeblich von uns stammenden Brief, als wäre der Tag des Christus schon da (2Thes 2,1-2).

Obschon es uns seltsam vorkommen mag, dass die neuen Gläubigen in Thessalonich die Lehre aufnahmen, dass der endzeitliche Tag des Herrn gekommen war, dürfen wir nicht vergessen, dass sie unter schwerer Verfolgung litten (wie in 2. Thessalonicher 1 deutlich wird). Ihre gegenwärtige Verfolgung machte sie empfänglich für die Vorstellung, dass der Tag des Herrn schon gekommen war. Angesichts ihrer Umstände ergab das durchaus Sinn. Der Gedanke, dass der Tag des Herrn gekommen war, brachte aber ein riesiges Problem mit sich. In seinem ersten Brief an sie (1. Thessalonicher) hatte Paulus ihnen mitgeteilt, dass ihnen die zukünftige Drangsalszeit durch die Entrückung in den Himmel erspart bliebe (s. 1Thes 1,9-10; 4,17; 5,1-9). Wenn das, was ihnen nun gesagt wurde, stimmte, dann war Paulus' vorherige Lehre entweder falsch, oder sie war richtig und sie waren zurückgelassen worden.[6] Keine dieser beiden Aussichten war besonders attraktiv, und sie wurden «von den Folgen eines schweren Erdbebens erschüttert und bekamen die beunruhigenden Nachbeben zu spüren».[7]

Die Frage, vor der die Thessalonicher standen, ist, ob ihre momentanen Leiden andeuteten, dass sie sich bereits in der Drangsalszeit befanden. Paulus beantwortete diese Frage mit einem klaren Nein. Er sagt den Thessalonichern, dass sie nicht am Tag des Herrn lebten. Um ihnen dies verständlich zu machen, weist er auf zwei Dinge hin, die vor diesem Tag geschehen müssen. Dies war aber noch nicht der Fall. «Lasst euch von niemand in irgendeiner Weise verführen! Denn es muss unbedingt zuerst der Abfall kommen und der Mensch der Sünde geoffenbart werden, der Sohn des Verderbens» (2Thes 2,3). Zwei Dinge müssen passieren, bevor die Endzeit beginnen kann: ein Ereignis muss stattfinden (die Rebellion), und eine Person muss in Erscheinung treten (der Rebell).

Paulus' Argument ist klar: Da bisher weder das eine noch das andere geschehen war, konnte der Tag des Herrn noch nicht gekommen sein. Aber eines Tages wird er kommen.

## Der bevorstehende Abfall vom Glauben

Das erste Ereignis, das vor dem Tag des Herrn geschehen muss, ist die Apostasie oder Rebellion. Paulus sagt, dass der letzte Tag des Herrn erst kommen kann, wenn eine weitreichende Abkehr vom wahren Glauben stattgefunden hat. Manche meinen, hier sei ein physischer Abschied oder die Entrückung der Gemeinde in den Himmel gemeint. Obschon diese Sicht seine Vorzüge hat, glauben die meisten Ausleger, dass hier von einem theologischen Abschied oder einer Rebellion die Rede ist.[8]

Vor dem Wort «Abfall» steht der bestimmte Artikel, was signalisiert, dass es nicht irgendeine Abkehr vom Glauben ist, sondern eine ganz besondere, von der die Leser offensichtlich wussten. Es ist *der* Abfall vom Glauben. Diese letzte Apostasie wird eine weitverbreitete Abkehr derer beinhalten, die sagen, sie würden Gott kennen. Einige Gelehrte sehen in der Apostasie in 2. Thessalonicher 2,3 eine weiter gefasste Abkehr, eine «weltweite Rebellion gegen Autorität am Ende des Zeitalters» – d. h., einen allgemeinen Aufstand gegen Gott.[9] Obwohl dies sicherlich geschehen wird, scheint der Abfall im Kontext von 2. Thessalonicher 2,1-3 ein Abwenden derer zu beschreiben, die sagen, sie würden Gott kennen. Johannes Calvin bemerkt:

> Deshalb benutzt Paulus den Begriff Rebellion oder «Apostasie», um eine treulose Abkehr von Gott deutlich zu machen, nicht von einer oder ein paar Personen, sondern von einem breiten Kreis von Menschen. Niemand kann als Abgefallener bezeichnet werden, der nicht zuvor bekannt hat, Christus und dem Evangelium zu folgen. Daher sagt Paulus eine allgemeine Rebellion in der sichtbaren Gemeinde voraus.[10]

In Bezug auf 2. Thessalonicher 2,3 sagt G. K. Beale: «Die Apostasie wird in erster Linie nicht in der nichtchristlichen Welt stattfinden, sondern innerhalb der Bundesgemeinschaft.»[11] Das Christentum bewegt sich auf einen grossen Abfall vom Glauben zu. Als 2. Thessalonicher geschrieben wurde, gab es zweifellos einige Irrtümer in der Gemeinde, aber keinen weitverbreiteten Abfall in der Christenheit im üblichen Sinne des Wortes. Die Gemeinden waren dem Herrn treu. Paulus erklärt, dass der Tag des Herrn erst kommen kann, wenn eine weltweite Abkehr vom Glauben stattgefunden hat. Die Schrift spricht oft von diesem zukünftigen Abfall (s. den nächsten Abschnitt «Es wird noch schlimmer»).

Im 21. Jahrhundert unterscheidet sich die Situation deutlich von der der Gemeinde in Thessalonich. Heute gibt es mit Sicherheit einen weitverbreiteten Abfall vom Glauben. Es ist eine traurige Tatsache, dass viele nicht das wahre Evangelium predigen und darüber hinaus zentrale Lehren unseres christlichen Glaubens leugnen. Viele lehren, dass Christus lediglich ein Mensch ist, nicht von einer Jungfrau geboren wurde, nicht sündlos war, nicht aus den Toten auferstand, die Erlösung nicht durch Sein Sühneopfer zu bekommen ist, die Menschen auf anderen Wegen als durch Jesus in den Himmel kommen können und Er nicht zurückkommt. Sie leugnen, dass die Schrift das unfehlbare Wort Gottes ist, und entscheiden, welche Teile der Bibel wichtig sind und welche weggelassen werden können oder sogar überholt sind. Sie lehnen die biblischen Massstäbe für ein heiliges Leben ab und akzeptieren Praktiken wie Homosexualität, sogar unter Gemeindeleitern. Bis zu einem gewissen Mass ist der Abfall vom Glauben schon angekommen und nimmt an Schwung und Intensität zu.

Das zweite Ereignis, das vor Beginn der letzten Drangsal stattfinden muss, ist die Offenbarung oder Aufdeckung des «Menschen der Sünde». Dieser Mensch der Sünde ist kein anderer als der Antichrist. «Mensch der Sünde» ist eine seiner vielen Bezeichnungen in der Schrift. Die folgenden Verse beschreiben das ungeheuerliche Wesen seiner Sünde: «Der sich widersetzt und sich über alles erhebt, was Gott oder Gegenstand der Verehrung heisst, sodass er sich in den Tempel Gottes setzt als ein Gott und sich selbst für Gott ausgibt» (2Thes 2,4). Dass der Antichrist sich selbst zu Gott machen wird, ist der letzte Schritt abwärts in der Rebellion des Menschen gegen den wahren Gott.

Die Beziehung zwischen der Apostasie und dem Antichristen ist deutlich. Der letzte grosse Abfall wird die Welt auf den Empfang des Antichristen vorbereiten. John Stott fasst es treffend zusammen:

> Paulus stellt die Abfolge zukünftiger Ereignisse klar. *Der Tag des Herrn* (2 b) kann noch nicht gekommen sein, sagt er, weil *dieser Tag erst kommen wird*, wenn zwei andere Dinge geschehen sind. Ein bestimmtes Ereignis muss stattfinden, und eine bestimmte Person muss in Erscheinung treten. Das Ereignis nennt er *die Rebellion* (*apostasia*) und die Person *den Gesetzlosen*, den Rebell. Obwohl Paulus ihn nicht den «Antichrist» nennt, wird deutlich, wer gemeint ist. Johannes beschreibt die Erwartung seines Kommens.[12]

Charles Ryrie fügt hinzu: «Es ist so, als würde die Untreue jener, die sich als religiös zu erkennen geben, den Weg vorbereiten und vielleicht sogar den Anlass liefern für den letzten Aufstand gegen Gott in der Person des Menschen der Sünde. Aber der Tag des Herrn wird erst dann erscheinen, wenn der grosse Abfall vom Glauben über die Erde kommt.»[13] Jene, die sagen, sie würden die Wahrheit kennen, werden sich in Massen von ihr abwenden und der ultimativen Lüge glauben – und einen Mensch als Gott anbeten.

## Es wird noch schlimmer

In einer Handvoll neutestamentlicher Stellen lesen wir, dass der Abfall vom Glauben zu den charakteristischen Merkmalen der letzten Tage gehört. Jeder der folgenden Stellen gibt uns wichtige Einblicke in das Wesen der Apostasie in den letzten Tagen.

*1. Timotheus 4,1-3*

In 1. Timotheus 4,1 lesen wir: «Der Geist aber sagt ausdrücklich, dass in späteren Zeiten etliche vom Glauben abfallen und sich irreführenden Geistern und Lehren der Dämonen zuwenden werden.»

Der zeitliche Rahmen dieses Abfalls wird mit «in späteren Zeiten» angegeben. Das Wort «späteren» lässt erkennen, dass diese Zeiten noch zukünftig waren, als Paulus den Brief schrieb. Das an dieser Stelle für «Zeiten» verwendete griechische Wort ist *kairois*. Es bezieht sich auf Saisons oder kürzere Zeitabschnitte. Es steht im Plural, was andeutet, dass es mehr als eine geben wird – d. h., die Zeiten des Abfalls werden während des Gemeindezeitalters periodisch auftreten.[14]

*2. Timotheus 3,1-13*

Diese ausgedehnte Stelle enthält einige der letzten Worte des Apostel Paulus – Worte der Warnung. In diesen Versen führt Paulus neunzehn Merkmale auf, die zu verschiedenen Zeiten in den letzten Tagen der Gemeinde vorherrschen werden. Diese Zustände werden sich im Laufe des Gemeindezeitalters noch verschlechtern. In Kapitel 6 werden wir uns diese Stelle ausführlicher ansehen.

*2. Petrus 2,1-22; 3,3-6*

In 2. Petrus 2,1-22 schreibt der Apostel eine lange Schmährede gegen Abgefallene, von denen er sagt, dass sie in die Gemeinde kommen werden, um das Volk Gottes zu verführen und die Wahrheit zu leugnen und ihr ungehorsam zu sein. In 2. Petrus 2,1-2 lesen wir: «Es gab aber auch falsche Propheten unter dem Volk, wie auch unter euch falsche Lehrer sein werden, die heimlich verderbliche Sekten einführen, indem sie sogar den Herrn, der sie erkauft hat, verleugnen; und sie werden ein schnelles Verderben über sich selbst bringen. Und viele werden ihren verderblichen Wegen nachfolgen, und um ihretwillen wird der Weg der Wahrheit verlästert werden.»

In 2. Petrus 3,3-4 fährt der Apostel fort: «Dabei sollt ihr vor allem das erkennen, dass am Ende der Tage Spötter kommen werden, die nach ihren eigenen Lüsten wandeln und sagen: Wo ist die Verheissung seiner Wiederkunft?» Petrus sagt, die Abgefallenen werden sogar das zweite Kommen Christi leugnen.

*Judas 1,1-25*
Judas, ein Halbbruder Jesu, schreibt seinen ganzen Brief als eine Warnung, dass die Abgefallenen, vor denen Petrus einige Jahre zuvor gewarnt hatte, schon da waren und sich ihren Weg in die Gemeinde bahnten. Ich (Mark) fand es schon immer interessant, dass der kleine Judasbrief, das einzige Buch in der Bibel, das sich ausschliesslich dem Abfall vom Glauben widmet, direkt vor dem Buch der Offenbarung kommt. In vielerlei Hinsicht dient Judas dem Buch der Offenbarung als Vorzimmer oder Foyer, da er aufzeigt, wie die sichtbare, bekennende Gemeinde in den Tagen vor den in der Offenbarung beschriebenen Ereignissen aussehen wird.

## Zeichen der Zeit?

In der Schrift hat die Apostasie eine «spezifische eschatologische Ausrichtung».[15] Die Apostasie, die wir heute aufkommen sehen, bewegt sich auf das letzte, voll ausgereifte Abfallen zu (s. 2Thes 2,3), von dem die Schrift sagt, dass es in der Endzeit auftreten wird. Viele rechnen heute mit einer weltweiten Erweckung am Ende der Zeit. Natürlich ist das möglich, und wir hoffen und beten, dass es so kommt, aber John Phillips liefert uns eine hilfreiche biblische Perspektive:

> Der Fluss der Apostasie schwillt an. Die «schlimmen Zeiten», von den Paulus schrieb, haben uns erreicht. Schon bald wird der Fluss über seine Ufer treten, wenn alle Nebenflüsse der Täuschung und Verführung in den Hauptstrom münden. Wenn der Hochwasserpegel erreicht ist, wird dieser Fluss die

> Erde mit einem letzten grossen Abfall vom Glauben überfluten. Dies ist dann die Thronbesteigung des teuflischen Messias als Gott und König dieser Welt. ... Manche meinen, wir könnten mit einer weltweiten geistlichen Erweckung vor der Entrückung der Gemeinde rechnen, aber diese Stelle in 2. Thessalonicher deutet das Gegenteil an. Zu erwarten ist ein weltweites Abfallen vom Glauben. Möglicherweise sendet Gott tatsächlich eine Erweckung, bevor er seine Gemeinde nach Hause ruft, aber in der Schrift wird sie nicht vorausgesagt.[16]

Der zunehmende Abfall vom Glauben ist ein Zeichen der Zeit. Bis zu einem gewissen Grad gab es in der Gemeinde schon immer Apostasie, aber vor uns liegt ein noch zukünftiger Zeitraum moralischer Finsternis und geistlicher Verführung. Heute steht es ausser Frage, dass Verführung und Abfall zugenommen haben. Was wir heute in der sichtbaren Gemeinde sehen, ist nicht weniger als schockierend. Wir erleben einen wachsenden und verstärkten Abfall vom Glauben, den wir erwarten sollten, wenn das Kommen Christi nahe ist. Obgleich es immer noch schlechter geht, können wir nur schwer glauben, dass es noch schlimmer kommen könnte als der theologische und moralische Missstand, den wir in den letzten fünfzig Jahren und insbesondere im letzten Jahrzehnt gesehen haben. Wir scheinen unmittelbar vor dem letzten grossen Abfall vom Glauben zu stehen, und je näher das Ende rückt, umso intensiver wird der Kampf.

Falls Sie nun denken, wir würden übertreiben oder allein mit unserer Meinung über die Apostasie als einem Zeichen der Endzeit stehen, haben wir ein paar Zitate von bekannten und angesehenen Pastoren und Prophetielehrern herausgesucht, die derselben Ansicht sind.

John Walvoord, ehemaliger Präsident des Dallas Theological Seminary, macht in seinem Buch *The Church in Prophecy* (Die

Gemeinde in der Prophetie) deutlich, dass das, was wir heute sehen, ein Zeichen der Zeit ist:

> Der Anstieg des Bösen, die Zunahme von Heuchelei, Selbstsucht und Unglauben innerhalb der bekennenden Christenheit sind der Schrift zufolge Anzeichen für das herannahende Ende des Zeitalters. Obwohl es noch immer Tausende von treuen Gemeinden und viele fromme Seelen gibt, die in unserer heutigen Zeit ein treues Zeugnis für Christus aufrechterhalten, kann dies kaum über die Mehrheit der Christenheit gesagt werden. Es ist eher die Ausnahme und nicht die Regel, dass die grossen fundamentalen Wahrheiten der Gemeinde von der Kanzel zu hören sind und die Gläubigen die verändernde Gnade Gottes in ihrem Leben zeigen und aufopfernde Hingabe beweisen. Kurz gesagt, die letzten Tage der Gemeinde auf der Erde sind Tage des theologischen und moralischen Abfalls, Tage des Unglaubens, die im Gericht Gottes münden werden.[17]

Walvoord kommt zu dem Schluss: «Die Schrift prophezeit, dass es im Lauf des Gemeindezeitalters zu einer zunehmenden Abkehr vom Herrn kommen wird, und dies kann als allgemeiner Hinweis verstanden werden, dass die Entrückung nahe ist.»[18]

J. Dwight Pentecost, eine bekannte Autorität für biblische Prophetie, sagt:

> In jeder Richtung finden sich reichlich Anhaltspunkte, dass sich die Menschen vom Glauben abwenden. Sie zweifeln nicht nur am Wort Gottes, sie lehnen es offen ab. Dieses Phänomen war noch nie so deutlich sichtbar wie heute. In der Zeit der Kirchengeschichte, die als das frühe Mittelalter bekannt ist, kannten die Menschen die Wahrheit nicht; aber es

> gab nie eine Zeit, in der die Menschen die Wahrheit so offen leugneten und zurückwiesen. Diese offene und bewusste Ablehnung der biblischen Wahrheit wird in der Schrift als ein wichtiges Merkmal der letzten Tage der Gemeinde auf Erden beschrieben.[19]

John Harold Ockenga, eine führende Gestalt des amerikanischen Evangelikalismus Mitte des 20. Jahrhunderts, war Pastor der Park Street Church in Boston und unterstützte die Gründung des Fuller Seminary und des Gordon-Conwell Theological Seminary. Über den Abfall vom Glauben als ein Zeichen der Zeit sagte er: «In diesem gegenwärtigen grossen Abfall vom neutestamentlichen Christentum können wir ein Zeichen sehen, das unsere Annahme rechtfertigt, dass das Kommen Christi nicht mehr fern ist. Es gab schon immer ein gewisses Mass an Apostasie und zuweilen war dieser Abfall auch sehr gross, aber nicht so wie in den letzten fünfzig Jahren.»[20]

Donald Grey Barnhouse, der grosse presbyterianische Pastor, sagte: «Achtet auf einen solchen Abfall, sagt Paulus, das wird das Zeichen des Tages des Herrn sein. Es ist durchaus möglich, dass wir heute die ersten Schritte eines solchen Abfalls erleben. Wenn es je eine Abkehr von der Wahrheit gegeben hat, dann in unserer Zeit. ... Aber wir sehen nur die Spitze des Eisbergs.»[21]

John Horsch schrieb in den ersten Jahrzehnten des 20. Jahrhunderts:

> Der Abfall, der in allen Richtungen sichtbar wird, ist ein unmissverständliches Zeichen der Zeit. Er sollte die gläubige Christenheit aus ihrer Lethargie und Teilnahmslosigkeit wecken, damit sie die Zustände so sieht, wie sie sind. Aufgrund der Apostasie steht die Gemeinde heute einer Krise gegenüber, die sie in ihrer Geschichte noch nicht erlebt hat.[22]

Dies sind die letzten Tage des Abfalls für die Gemeinde. Noch erleben wir nicht den letzten grossen Abfall vom Glauben, der das Eintreffen der Endzeit unmittelbar anzeigt, aber wir sind sehr nahe dran.

Auf den folgenden Seiten wollen wir uns ausführlicher mit einigen Bereichen befassen, in denen der Abfall zunimmt, und auf praktische und hilfreiche Weise Mut machen. Das wird uns helfen, aufzuwachen, aufzustehen, treu unseren Weg zu gehen und der nächsten Generation den Stab weiterzugeben, sollte unser Herr nicht vorher kommen.

## Fussnoten

1 George Sweeting, «Betrayal in the Church», *Moody* (April 1992), S. 74.

2 A. W. Tozer, *Man: The Dwelling Place of God* (Camp Hill, PA: WingSpread, 2008), S. 118.

3 Andy Woods, «The Last Days Apostasy of the Church (Part 1)», *Bible Prophecy Blog*, 19. November 2009, http://www.bibleprophecyblog.com/2009/11/last-days-apostasy-of-church-part-1.html.

4 Beispiele für den persönlichen Abfall vom Glauben finden sich in den ernsten Warnungen in Hebräer 6,4-8 und 10,26-31.

5 Woods, «Last Days.»

6 Dass die Thessalonicher so bestürzt waren über die Lehre, sie würden am Tag des Herrn leben, macht deutlich, dass sie das nicht erwarteten. Das unterstützt den prätribulationistischen Zeitpunkt der Entrückung. Hätten die Thessalonicher geglaubt, sie müssten vor dem Kommen Christi noch durch die Drangsalszeit gehen, warum hätten sie dann so bestürzt auf einen Brief reagieren sollen, der ihnen mitteilte, dass der Tag des Herrn gekommen war? Sie wären aufgeregt gewesen, nicht erschüttert oder verängstigt. Das hätte bedeutet, dass sich das, was Paulus sie gelehrt hatte, nun erfüllte. Sie hätten der Drangsalszeit mit Hoffnung und Ausharren entgegengesehen, da sie wussten, dass das Kommen des Herrn weniger als sieben Jahre entfernt war. Aber ihre Reaktion war das genaue Gegenteil. Sie waren in ihrem «Verständnis erschüttert» und «in Schrecken» versetzt worden. Der falsche Brief, den sie empfangen hatten, widersprach dem, was Paulus sie in 1. Thessalonicher 4-5 gelehrt hatte. Das bedeutete entweder, dass Paulus sie zuvor über die prätribulationistische Entrückung angelogen hatte, sie seine Worte völlig falsch verstanden hatten oder die Entrückung bereits geschehen war und sie zurückgelassen worden waren. Jede dieser Möglichkeiten war niederschmetternd. Die einzige logische Schlussfolgerung aus 2. Thessalonicher 2,1-2 ist: Aufgrund von Paulus' vorheriger Belehrung in 1. Thes-

salonicher mussten die Thessalonicher geglaubt haben, dass die Entrückung vor Beginn der Drangsalszeit stattfinden würde. In 2. Thessalonicher 2,3-11 machte Paulus den Gläubigen deutlich, dass es eine falsche Lehre war, dass sie sich bereits am Tag des Herrn befanden, und ihre Ängste somit unbegründet waren. Eine gründliche Besprechung über den Zeitpunkt der Entrückung findet sich in Mark Hitchcock, *The End* (Carol Stream, IL: Tyndale, 2012).

7 Charles R. Swindoll, *Steadfast Christianity: A Study of Second Thessalonians*, Bible Study Guide (Anaheim, CA: Insight for Living, 1986), S. 23.

8 Da das Wort *apostasia* «Abschied» bedeutet, haben manche den Ausdruck «der Abfall» als physischen Abschied der Gemeinde verstanden – d. h., die Entrückung, da die Entrückung den physischen Abschied der Gläubigen von der Erde darstellt. Wäre diese Sicht richtig, würde sie die Entrückung klar vor der Drangsalszeit platzieren, was ein deutliches Argument für eine prätribulationistische Entrückung wäre. Obschon dies für Prätribulationisten attraktiv ist, gibt es sechs Hauptgründe, einen physischen Abschied als Bedeutung von *apostasia* in diesem Kontext zurückzuweisen: 1) Im klassischen Griechisch wurde *hē apostasia* («der Abfall») verwendet, um eine politische oder militärische Rebellion zum Ausdruck zu bringen. 2) In der Septuaginta (der griechischen Übersetzung des Alten Testaments) wurde dieser Begriff für eine Rebellion gegen Gott benutzt (s. Jos 22,22; Jer 2,19). 3) In 1. Makkabäer 2,20 (ein nicht kanonisches Buch, das in der Zeit zwischen dem Alten und dem Neuen Testament geschrieben wurde) wird er als Abfall zum Heidentum gebraucht. 4) In Apostelgeschichte 21,21, der einzige andere Gebrauch des Substantivs im Neuen Testament, bezieht es sich auf die Abkehr oder das geistliche Abfallen von Mose. 5) Die Entrückung ist kein aktiver Abschied seitens der Heiligen; sie sind nur passive, nicht aktive Teilnehmer. 6) In 2. Thessalonicher 2,1 spricht Paulus von der Entrückung als «unserer Vereinigung mit ihm». Es scheint seltsam, diesen eher unwahrscheinlichen Begriff («der Abfall») im unmittelbaren Kontext für dieselbe Sache zu verwenden. Diese sechs Punkte stammen von D. Edmond Hiebert, *1 & 2 Thessalonians* (Chicago: Moody Press, 1971), S. 331. Aus diesen Gründen sehen die meisten Ausleger in dem Ausdruck «der Abfall» (Apostasie) nicht den physischen Abschied der Gemeinde bei der Entrückung, sondern vielmehr eine lehrmässige, theologische und moralische Abkehr von der Wahrheit.

9 F. F. Bruce, *1 & 2 Thessalonians*, Word Biblical Commentary, Hrsg. David A. Hubbard und Glenn W. Barker, Bd. 45 (Waco, TX: Word Books, 1982), S. 166. S. auch Leon Morris, *1 and 2 Thessalonians*, Tyndale New Testament Commentaries, überarbeitete Ausgabe (Grand Rapids, MI: Eerdmans, 1989), S. 127

10 Johannes Calvin, *1 & 2 Thessalonians*, Crossway Classic Commentaries, Hrsg. Alister McGrath und J. I. Packer (Wheaton, IL: Crossway, 1999), S. 86-87.

11 G. K. Beale, *1-2 Thessalonians*, IVP New Testament Commentary Series, Hrsg. Grant R. Osborne (Downers Grove, IL: InterVarsity Press, 2003), S. 204.

12 John R. W. Stott, *The Message of 1 & 2 Thessalonians* (Downers Grove, IL: InterVarsity Press, 1991), S. 158.

13 Charles Ryrie, *First and Second Thessalonians* (Chicago: Moody, 1959), S. 103-104.

14 Homer A. Kent, Jr., *The Pastoral Epistles*, überarbeitete Ausgabe (Chicago: Moody, 1986), S. 143.

15 Mal Couch, Hrsg., *A Biblical Theology of the Church* (Grand Rapids, MI: Kregel, 1999), S. 110.

[16] John Phillips, *Exploring the Future: A Comprehensive Guide to Bible Prophecy* (Grand Rapids, MI: Kregel, 2003), S. 225, 269.
[17] John F. Walvoord, *The Church in Prophecy* (Grand Rapids, MI: Zondervan, 1964), S. 66.
[18] Ebd., S. 50.
[19] J. Dwight Pentecost, *Will Man Survive?* (Grand Rapids, MI: Zondervan, 1980), S. 58.
[20] John Harold Ockenga, zitiert in «Apostasy», Paul Lee Tan Prophetic Ministries, http://www.tanbible.com/tol_ill/apostasy.htm.
[21] Donald Grey Barnhouse, *Thessalonians: An Expository Commentary* (Grand Rapids, MI: Zondervan, 1977), S. 98.
[22] John Horsch, *Modern Religious Liberalism* (Scottdale, PA: Fundamental Truth Depot, 1921), S. 322.

KAPITEL 3

# DER GLAUBE UNSERER VÄTER

*Du aber rede, was der gesunden Lehre entspricht.*
Titus 2,1

Wir leben in einer Welt, in der Gefühle wichtiger sind als rationales Denken, in der eine Aussage als «wahr» angesehen wird, nicht weil sie es wirklich ist, sondern einfach weil sie sich richtig anfühlt, oder man möchte, dass sie wahr ist. Nehmen Sie irgendeine beliebige biblische Wahrheit – die Souveränität Gottes, die Tatsache der ewigen Strafe oder die Ausschliesslichkeit der Ehe zwischen einem Mann und einer Frau –, wenn sie den persönlichen Überzeugungen oder Wünschen eines Menschen in die Quere kommt, wird sie einfach neu definiert oder völlig aufgegeben. Dem Zeitgeist entsprechend kann heute jeder seine eigene Realität von Wahrheit erschaffen, die ihm und seiner Wahrnehmung passt.

In diesem Sinne krönen sich die Menschen im Grunde als kleine Götter. Und so unglaublich es klingen mag, so funktionieren die meisten Menschen. Wir nehmen Wahrheit, Lehre und moralische Entscheidungen in unsere eigene Hand und fallen auf den Betrug herein, dem schon unser erstes Elternpaar im Garten Eden unterlag. Adam und Eva stellten den eindeutig geoffenbarten Willen und das Wort Gottes infrage und glaubten, dass persönliche Erfüllung und Glück irgendwo ausserhalb dessen zu finden waren, was ihr liebender Vater ihnen gab. So entfernten sie sich von Seiner Wahrheit und Seinem Plan, schluckten den Köder und glaubten der Lüge, «wie Gott» werden zu können (1Mo 3,5).

Und hier sind wir nun.

Tausende von Jahren später denken wir immer noch, wir könnten vom Wort Gottes abweichen und müssten doch nicht sterben. Der verlockende Reiz, unser Leben selbst bestimmen zu können und unsere eigene Realität zu erschaffen, ist häufig eine zu grosse Versuchung, als dass wir ihr widerstehen könnten. Nur wenn wir anerkennen, dass es einen Gott gibt und nicht wir das sind, wird unser Denken befreit und wir können eine befriedigende Beziehung zu unserem Schöpfer geniessen. Wir haben keinen blinden Glauben, und wenn wir ohne Grund glauben, werden wir leicht von vielversprechenderen oder überredenden Argumenten von Gottes Wahrheit weggelockt.

Daher stehen wir vor der Frage: Warum glauben wir, was wir glauben? Bei dieser Frage geht es nicht so sehr um Beweise, als vielmehr um *Impulse*. Mit anderen Worten, welche Faktoren bewegen Sie, eine bestimmte Überzeugung anzunehmen und sich zu eigen zu machen? Woher kommt es, dass Sie einer biblischen Wahrheit glauben? Manche sagen vielleicht:

- Ich habe sie von meinen Eltern gelernt.
- Mein Pastor glaubt das.
- Ich habe es in einem christlichen Buch gelesen.
- Ein bekannter Christ hat das gesagt.
- Es fühlt sich einfach richtig an.

- Ich habe das schon immer geglaubt.
- Es tröstet mich, wenn ich das glaube.
- Es macht mich glücklich.
- Es scheint umfassender zu sein.
- Ich kann mir nicht vorstellen, dass Gott anders handelt.
- Ich habe es gründlich studiert.
- Es steht in der Bibel.

Wenn Sie sich die Quellen unseres Glaubens anschauen und warum wir eine bestimmte Lehre oder Wahrheit als unsere eigene angenommen haben, wird deutlich, dass nur eine einzige Quelle hundertprozentig verlässlich ist. Entscheidend an jeder Glaubensüberzeugung ist: Wenn sie nicht von der Schrift gestützt wird, ist sie nicht mehr als Wunschdenken, Spekulation oder eine Theorie. Wie also entsteht Glauben? Was ist er? Zählt es überhaupt noch, eine Überzeugung zu haben? Und wenn ja, warum?

Der Bibel zufolge ist der biblische Glaube mehr als eine intellektuelle Zustimmung. Er ist mehr als ein geistliches Kopfnicken. Er kommt dann zustande, wenn Geist und Wille Gottes Wahrheit annehmen. Der Wille ist beteiligt, denn der Glaube ist eine bewusste Entscheidung. Der Glaube ist mit dem Geist verbunden. Und dann beeinflusst dieser Glaube das Denken einer Person und bestimmt, wie sie Gott, das Leben, andere Menschen, die Welt und die Realität selbst sieht. Diese Art von Glauben, der auf die Schrift zurückgeht, hilft uns bei der Wahrnehmung und im Umgang mit der verwirrenden, widersprüchlichen Welt, in der wir leben.

Heute behaupten einige: «Was für einen Unterschied macht es, was man glaubt, solange man Gott und andere Menschen liebt? Sind das nicht die grössten Gebote?» Ja, dies sind die grössten Gebote, aber wenn das alles wäre, was Gott uns wissen, glauben und tun lassen wollte, dann würden die 66 Bücher der Bibel auf zwei kurze Verse reduziert. Es gibt ein Gebot, das grösser ist als alle anderen, aber es verringert keinesfalls unsere Verantwortung gegenüber allen anderen. Ausserdem, wer ist dieser Gott, den wir von ganzem Herzen lieben sollen? Was wissen wir über Ihn? Was hat Er getan? Wie ist Er?

Es ist nicht möglich, einen Gott zu lieben oder anzubeten, über den wir nichts wissen. Je mehr wir über diesen grossen Gott wissen, umso mehr können wir Ihn lieben und anbeten. Deshalb müssen wir uns mit den Wahrheiten über Ihn befassen, andernfalls hat unsere Liebe kein reales Ziel, und wir landen wieder bei einem Gott, den wir uns selbst ausgedacht haben.

Wenn wir wirklich glauben, dass die ganze Bibel von Gott inspiriert wurde, ist *jedes Wort* in ihr, wie Paulus schrieb, «nützlich zur Belehrung, zur Überführung, zur Zurechtweisung, zur Erziehung in der Gerechtigkeit, damit der Mensch Gottes ganz zubereitet sei, zu jedem guten Werk völlig ausgerüstet» (2Tim 3,16-17).

Das Schöne daran ist, dass Gott mehr von uns möchte, als nur «die Psalmen zu geniessen». Er lädt uns auch ein, in das fünfte Buch Mose einzutauchen, den zweiten Timotheusbrief zu studieren und die Offenbarung zu lesen. Es bedeutet, dass uns 2. Chronik ebenso wichtig ist wie der Kolosserbrief. Tragischerweise behandeln Christen Bücher der Bibel oft wie alte Kleidungsstücke: «Das gefällt mir nicht mehr. Das passt mir nicht. Es ist alt, nicht mehr in Mode. Niemand trägt diesen Stil heute noch.»

Auch wenn die Wahrheit in der Gesellschaft «ausser Mode kommt», Gott und Sein Wort ändern sich nicht. Wer Seiner Wahrheit glaubt, ist sich bewusst, dass sie von Zeit zu Zeit unpopulär ist oder gehasst wird, da ihre Inhalte frontal mit der Kultur zusammenstossen. Laut Jesus gehört dies zur Jüngerschaft dazu, und wir sollten damit rechnen (s. Joh 15,18-27).

## Warum die Wahrheit wichtig ist

Ist Ihnen schon mal aufgefallen, wie wählerisch die Menschen heute sind, welche Teile der Bibel sie für historisch, wahr, relevant und für das Leben im 21. Jahrhundert erforderlich halten? Sogar in einigen grossen Denominationen stehen viele zu den «Grundlagen des Glaubens», während sie den Rest des Wortes Gottes ignorieren, aufgeben, komplett leugnen oder, wie es der beliebte Autor Rob Bell ausdrückte, für die heutige Gesellschaft als «unbedeutend» abtun.[1] So als würden sie sich die Salatblätter am Buffet einzeln herauspicken, gibt es unter Christen, die zwischen 1974 und 1995 geboren wurden, eine wachsende Bewegung hin zu einem *bildlichen* statt wörtlichen Bibelverständnis. Sie diskutieren über eine Neudefinition von Geschlechtern, dem Schöpfungsbericht aus 1. Mose, Ehe und Scheidung, der Rolle der Frauen in der Gemeinde und Homosexualität.[2]

Das ist definitiv nicht der Glaube unserer Väter. Ebenso wenig der von Paulus.

Es ist nur fair zu fragen: Wie wichtig ist der *Inhalt* unseres Glaubens wirklich? Gibt es tatsächlich nur einen Glauben, dem wir alle zustimmen sollten? Oder gibt es ein paar Kernwahrheiten und beim Rest können wir glauben, was wir wollen?

Eine Herangehensweise an diese Frage ist, sich daran zu erinnern, dass die Wahrheit nicht in einem luftleeren Raum existiert. Wir leben in einer Welt, in der es sowohl Gutes als auch Böses gibt, Tugend und Lasterhaftigkeit. Es gibt Gott und den Teufel und eine sündige Natur in jedem von uns, die sich Gott widersetzt und gegen Ihn rebelliert. Der Teufel, unser Ich und ein mit Sünde durchtränkter Planet schaffen eine Umgebung, in der so viele Lügen und Böses existiert wie Luft zum Atmen:

- Lügen über Gott, die Menschheit, Glück und das Leben nach dem Tod

- Theorien über den Ursprung, die einem verfinsterten Verstand ohne Wahrheit und der Bereitschaft zu ihr entstammen
- Lügen darüber, was und wer die Menschen sind
- Absichtliche Täuschungen über das Geschlecht, die der grosse Betrüger selbst in unser kollektives Bewusstsein implantiert

In einer solchen Atmosphäre ist es manchmal schwierig, zwischen Wahrheit, Halbwahrheiten und handfesten Lügen zu unterscheiden. Jeden Tag gehen wir durch ein Minenfeld von Unwahrheiten. Aus diesem Grund schrieb der Verfasser des Hebräerbriefes, dass die Sinne reifer Gläubiger «durch Übung geschult sind zur Unterscheidung des Guten und des Bösen» (Hebr 5,14). In der Gnade und Erkenntnis unseres Herrn und Erlösers zu wachsen, hilft uns, sicher durch dieses Minenfeld zu manövrieren (s. 2Petr 3,18). Einfach ausgedrückt, wenn wir Gottes Wahrheit verstehen und ihr glauben, sind wir fähig, den Unterschied zwischen der Wahrheit und den raffinierten Lügen des Teufels zu erkennen (s. Tit 1,10–2,1).

Das ist aber noch nicht alles. Die gesunde Lehre tut viel mehr für Sie:

- Sie nährt Sie im Glauben (s. 1Tim 4,6).
- Sie hilft Ihnen, Gott treu zu bleiben, wenn die Menschen in den letzten Tagen die Bedeutung der biblischen Lehre herunterspielen oder sie sogar aufgeben und leugnen (s. 2Tim 4,2-3).
- Sie hilft Ihnen, andere Gläubige in der Wahrheit zu ermutigen und jene zu widerlegen, die der Schrift offen widersprechen (s. Tit 1,9; 1Tim 6,3-5).

In seiner Begegnung mit der samaritischen Frau macht Jesus nicht nur ihre fehlerhafte Theologie deutlich und korrigiert sie, sondern hilft ihr auch, das Wesen wahrer Anbetung richtig zu verstehen:

> Ihr betet an, was ihr nicht kennt; wir beten an, was wir kennen, denn das Heil kommt aus den Juden. Aber die Stunde kommt und ist schon da, wo die wahren Anbeter den Vater im Geist und in der Wahrheit anbeten werden; denn der Vater sucht solche Anbeter. Gott ist Geist, und die ihn anbeten, müssen ihn im Geist und in der Wahrheit anbeten (Joh 4,22-24).

Jesus fürchtet sich nicht, diese Frau zu kränken oder ihre Gefühle zu verletzten, weil Er weiss, dass die Liebe nicht so ist oder handelt. Er sorgt sich vielmehr aufrichtig um sie und möchte ihr Bestes. Deshalb teilt Er ihr die Wahrheit auf eine Weise mit, die für sie einen Sinn ergibt, auch wenn sie etwas unangenehm sein mag.

Denken Sie darüber nach. Gott hat sich nicht nur den menschlichen Körper ausgedacht und ihn erschaffen, sondern auch seinen Verstand und seinen Geist (s. 1Mo 1,26).[3] Daher ist es logisch, dass Er weiss, wie Sie am besten funktionieren, wie Sie mit Ihm in Kontakt treten und Ihn maximal verherrlichen können. Jesus lehrt hier, dass die Anbetung im Geist nicht von der Erkenntnis der Wahrheit getrennt werden kann. Logisch und chronologisch muss wahre Anbetung mit der Offenbarung der Wahrheit Gottes an uns beginnen. Anbetung ohne Verstand ist somit ein Widerspruch. Geistlich oder emotional in Anbetung versunken zu sein, erfordert ein Vorwissen über den, den Sie anbeten. Andernfalls ist es nicht mehr als eine fantasievolle Übung, ein eingebildeter Glaube. Echte Anbetung beginnt damit, etwas über Gott zu *wissen*. Die Erkenntnis Gottes (gesunde Lehre) führt ganz natürlich zur Anbetung Gottes, und wir sollten nie das eine ohne das andere erleben.

Gott hat uns so geschaffen, dass wir *wissen* wollen. Mit unserem Verstand können wir denken, schlussfolgern, nachfragen, untersuchen und verstehen. Daher ist der christliche Glaube mehr als nur wünschen, hoffen oder glauben. Er beinhaltet ein Mass an intellektuellem Vertrauen in Gottes geoffenbarte Wahrheit, von der allgemeinen Offenbarung (Schöpfung und Gewissen) bis hin zur speziellen (Christus und die Schrift).[4] Der auf dem Wissen über Gott und Seine geoffenbarte Wahrheit basierende Glaube *befähigt* uns, anzubeten und zu dem zu werden, was Jesus einen «wahren Anbeter» nennt (Joh 4,23). Andernfalls ist es möglich, dass wir ein falsches Bild von Gott anbeten, was die Bibel als Götzendienst bezeichnet. So können wir nicht vollständig geniessen, wer Er wirklich ist![5]

Paulus schreibt:

> Denn obgleich wir im Fleisch wandeln, so kämpfen wir doch nicht nach Art des Fleisches; denn die Waffen unseres Kampfes sind nicht fleischlich, sondern mächtig durch Gott zur Zerstörung von Festungen, sodass wir Vernunftschlüsse zerstören und jede Höhe, die sich gegen die Erkenntnis Gottes erhebt, und jeden Gedanken gefangen nehmen zum Gehorsam gegen Christus (2Kor 10,3-5).

Was sind diese «Festungen», von denen Paulus spricht? Eine Festung ist ein Ort der Stärke. Paulus identifiziert sie hier als «Vernunftschlüsse», gemeint sind menschliche (oder von Dämonen inspirierte) Gedanken, Ideen, Überzeugungen, Theorien, Meinungen, Philosophien, Lehren usw. – alles, was im Gegensatz zur wahren Erkenntnis Gottes in der Schrift steht. Paulus spricht auch von «jeder Höhe», womit jene Ideen oder

Philosophien gemeint sind, die als weise, gelehrt, etabliert, wissenschaftlich oder dem Wort überlegen dargestellt werden.

Paulus nennt sie «Festungen», da sie geistige und geistliche Hochburgen sind, die unser Denken über Gott, die Wahrheit und das Leben gefangen halten. Unsere Gedanken werden in falsche Denkmuster gepresst. Aber der vom Wort Gottes beeinflusste Christ kann sich vor diesen Gedanken schützen, indem er sie als das entlarvt, was sie wirklich sind – Lügen. So drehen wir den Spiess um und nehmen unsere Gedanken gefangen zum Gehorsam gegen Christus.

Vor ein paar Jahren habe ich (Jeff) ein Buch über die Lehre von der sündigen Natur geschrieben – was sie ist, wie sie vorgeht und wie wir sie überwinden können. Für die sündige Natur verwendete ich das Bild von Zombies, die uns als «lebende Tote» von innen verschlingen wollen. Als Folge wurde ich eingeladen, auf der internationalen Zombieveranstaltung in Seattle zu reden und mein Buch vorzustellen. Von den mehr als siebentausend Zombie- und Horrorfilmbegeisterten kamen mehrere hundert, um mich reden zu hören. Vielleicht waren sie neugierig, was ein christlicher Autor auf einer Zombieveranstaltung zu sagen hätte.

Der Moderator (John) war ein erklärter Atheist. Um sich über mich und meinen Glauben lustig zu machen, trug er während des ganzen Interviews einen Priesterkragen. Als wir beide die Bühne betraten, stellte er mich mit den Worten vor: «Autor Jeff Kinley wird uns jetzt mehr über sein Zombie-Buch erzählen, und auch ein bisschen, da bin ich mir sicher, über seinen imaginären Freund ... *Gott*.»

Nach der Vorstellung feuerte er eine Frage nach der anderen ab und griff sowohl die Gemeinde als auch das Christentum mit Überheblichkeit und Selbstgerechtigkeit an (und mit ein paar wohlüberlegten Kraftausdrücken). Einigen Dingen, die er über den Zustand der Gemeinde sagte, konnte ich zustimmen. Aber «jede Höhe» und jeden «Vernunftschluss», die er auf mich abfeuerte, konterte ich mit passenden Wahrheiten aus der Schrift. Frustriert, dass seine feindseligen Argumente ihn nicht weiterbrachten (*und* er zusehends seine Glaubwürdigkeit beim Publikum verlor), streckte er die Hände in die Luft und fragte: «O. k., genug über das Buch. Verraten Sie mir nur, warum ist ein Typ wie Sie überhaupt zu diesem ‹Jesus-Ding› gekommen?»

Ich sah ihn verwundert an und dachte: *Habe ich ihn richtig verstanden? Hat er mich gerade aufgefordert, mein christliches Zeugnis vor all diesen Leuten abzulegen?*

Ich dankte Gott für Seine Souveränität und Fähigkeit, sich über die vergeblichen Pläne der Menschen hinwegzusetzen. Ich erzählte ihm, wie ich zum Glauben an Christus gekommen bin und Er mir noch immer hilft, meinen persönlichen Zombie (meine sündige Natur) in mir zu überwinden. Im Anschluss kamen viele Menschen auf mich zu, stellten Fragen und kauften Bücher, sodass ich nicht dazu kam, mich von John zu verabschieden. Am Nachmittag besuchte ich ihn jedoch an seinem Stand (er war ein ehemaliger Zeitungsreporter, der zum Comicbuchschreiber geworden war). Ich bot ihm ein signiertes Exemplar meines Buches an, und er nahm es dankbar an. Als ich gehen wollte, entschuldigte er sich unerwartet bei mir.

«Hey, tut mir leid, wenn ich vorhin etwas hart mit Ihnen umgegangen bin.»

Ich lächelte und gab ihm einen festen Händedruck.

So gingen wir als Freunde auseinander.

An diesem Tag half mir mein Bibelwissen, menschliche Vernunftschlüsse und Philosophien zu zerstören. Wäre ich nicht genährt gewesen «mit den Worten des Glaubens und der guten Lehre», hätten mich John und seine Argumente zum Mittagessen verspeist ... wie ein *Zombie*!

Die meisten geistlichen Kämpfe, die wir austragen, finden nicht auf einer Bühne vor Hunderten von Menschen statt, sondern draussen in der realen Welt – in Klassenräumen, am Arbeitsplatz oder in der Nachbarschaft mit Freunden oder in der Familie. Meistens liegt unser Schlachtfeld verborgen in der Privatsphäre unseres Verstandes. Und nicht immer gewinne ich diese Gefechte. Manchmal kenne ich die Wahrheit, schaffe es aber nicht, mich an sie zu halten. Ein andermal denke ich mir Entschuldigungen aus, die zu meinem eigenen Vorteil dienen sollen.

Die Schrift zu kennen, ist aber nur die Hälfte des Kampfes. Wie Jesus, als Er vom Teufel versucht wurde, dürfen wir die Schrift nicht bloss zitieren, sondern müssen ihr auch *gehorsam* sein (s. Mt 4,1-11).

Aber bei all diesen Worten über Erkenntnis und gesunde Lehre denken Sie vielleicht: *Moment mal. Sagte Paulus nicht: «Die Erkenntnis bläht auf, die Liebe aber erbaut»* (1Kor 8,1)? Das ist absolut richtig. Erkenntnis, die nicht von Demut, Gehorsam, Liebe und Anbetung begleitet wird, kann leicht Stolz in uns hervorrufen. Wenn Menschen etwas wissen, was andere nicht wissen, fühlen sie sich oft überlegen und nutzen ihr Wissen, um andere kleinzuhalten und sich gleichzeitig über sie zu stellen. Das trifft auf jene zu, die die Offenbarung Gottes über die Schöpfung ablehnen und sie durch ihre eigenen Theorien ersetzen. Paulus sagt, diese Menschen «sind in ihren Gedanken in nichtigen Wahn verfallen, und ihr *unverständiges* Herz wurde verfinstert». Die Folge ist: «Da sie sich für weise hielten, sind sie zu Narren geworden» (Röm 1,21-22).

Aber auch Christen können dieser Art von Überheblichkeit zum Opfer fallen. Wenn wir uns Erkenntnis um der Erkenntnis willen anhäufen oder nicht anwenden, was Gottes Wort uns sagt, begeben wir uns in Gefahr, stolz und aufgeblasen zu werden. Deshalb müssen wir die Wahrheit Gottes stets mit Demut annehmen und mit Liebe und Anbetung auf Ihn reagieren. Die echte Erkenntnis Gottes ist weit mehr, als Fakten zusammenzutragen. Die Lehre ist nicht nur ein systematisches Sammeln von Wahrheiten oder «biblischer Munition».

Nein, das *Wort* Gottes führt uns immer zur *Person* Gottes. Es ist nie ein Ziel an sich. Die Wahrheit kommt *von* Gott *zu* uns, damit wir nach ihr handeln und leben. «Denn von ihm und durch ihn und für ihn sind alle Dinge; ihm sei die Ehre in Ewigkeit! Amen» (Röm 11,36).

Das ist der Zweck aller Erkenntnis und der gesunden Lehre. Deshalb schrieb Paulus den Philippern:

> Und um das bete ich, dass eure Liebe noch mehr und mehr überströme in *Erkenntnis* und allem Urteilsvermögen, *damit* ihr prüfen könnt, worauf es ankommt, sodass ihr lauter und ohne Anstoss seid bis auf den Tag des Christus, erfüllt mit Früchten der Gerechtigkeit, die durch Jesus Christus gewirkt werden zur Ehre und zum Lob Gottes (Phil 1,9-11).

Für die Kolosser betet er:

> Deshalb hören wir auch seit dem Tag, da wir es vernommen haben, nicht auf, für euch zu beten und zu bitten, dass ihr erfüllt werdet mit der *Erkenntnis* seines Willens in aller geistlichen Weisheit und Einsicht, *damit* ihr des Herrn würdig wandelt und ihm in allem wohlgefällig seid: in jedem guten Werk fruchtbar und *in der Erkenntnis Gottes wachsend* (Kol 1,9-10).

Sogar über das «ewige Leben» sagte Jesus, dass es bedeutet, den Vater zu *kennen*: «Das ist aber das ewige Leben, dass sie dich, den allein wahren Gott, und den du gesandt hast, Jesus Christus, erkennen» (Joh 17,3).

Biblische Erkenntnis ist eine Sache von Verstand *und* Erfahrung.[6] Es ist ein Pauschalangebot – zwei Seiten derselben Medaille, die zusammen genossen werden sollen. Erkenntnis ohne entsprechende Reaktion ist wie ein unvollständiger Satz oder ein Lied ohne Refrain. Informationen über Gott müssen immer zu einer vertrauten Beziehung zu Ihm führen. Das ist heute ebenso wahr wie später im Himmel, wenn unsere Beziehung zu Gott um ein Vielfaches vertrauter sein wird, weil wir Ihn noch besser kennenlernen werden (s. 1Kor 13,12; 1Jo 3,2-3).

Sehen Sie, wie entscheidend es für einen reifen und vollständigen Glauben ist, in der Erkenntnis Gottes und Seines Wortes zu wachsen (s. Eph 4,11-16)?

## Christliche Kämpfer

Wie wenden wir diese Erkenntnis nun in Bezug auf den kommenden Abfall vom Glauben und die falschen Lehren an, die überall um uns herum zu finden sind? Obwohl die Geschichte zeigt, dass die Reinheit des christlichen Glaubens zweitausend Jahre lang bewahrt und weitergegeben wurde, war dies gar nicht so einfach. Es gab Zeiten und sogar Jahrhunderte, in denen die in der Gemeinde gelehrte Wahrheit geändert, modifiziert und geleugnet wurde – alles im Namen Gottes. Mutige Glaubensmänner wie Martin Luther, Johannes Calvin und Ulrich Zwingli waren nötig, um die Gemeinde zu ihren biblischen Wurzeln zurückzurufen. Und dadurch erinnerten sie sie auch an ihre Verpflichtung zu Gottesfurcht und Reife in Christus. Das ist der Glaube, den wir verteidigen sollen. Im Judasbrief lesen wir: «Geliebte, da es mir ein grosses Anliegen ist, euch von dem gemeinsamen Heil zu schreiben, hielt ich es für notwendig, euch mit der Ermahnung zu schreiben, dass ihr *für den Glauben kämpft*, der den Heiligen ein für alle Mal überliefert worden ist» (Jud 1,3).

Der «Glauben», von dem Judas schreibt, ist die gesamte Wahrheit, die wir in den Schriften finden. Diese Wahrheit ist keine veränderliche, im Prozess befindliche Offenbarung, sondern wurde dem Volk Gottes «ein für alle Mal überliefert». Das ist ein Grund, weshalb wir sogenannte Visionen und angebliche Besuche im Himmel ablehnen, die behaupten, neue, nicht in der Schrift enthaltene Offenbarungen zu liefern. Der christliche Glaube ist *uns* anvertraut und in unser Herz und unseren Verstand gepflanzt worden. Gott zählt auf uns, dass wir «das anvertraute Gut» bewahren und an dem «Muster der gesunden Worte» festhalten (1Tim 6,20; 2Tim 1,13). Paulus ermahnte Timotheus: «*Dieses edle anvertraute Gut bewahre* durch den Heiligen Geist, der in uns wohnt!» (2Tim 1,14).

Aber warum ruft uns Judas auf, für den Glauben zu kämpfen? Und warum fordert uns Paulus auf, den Glauben zu bewahren? Warum drängt uns die Schrift, für den Glauben zu kämpfen? Ganz einfach: «Es haben sich nämlich etliche Menschen unbemerkt eingeschlichen, die schon längst zu diesem Gericht aufgeschrieben worden sind, Gottlose, welche die Gnade unseres Gottes in Zügellosigkeit verkehren und Gott, den einzigen Herrscher, und unseren Herrn Jesus Christus verleugnen» (Jud 1,4).

Unmissverständlich ausgedrückt: falsche Lehrer. Wölfe im Schafspelz. Betrüger. *Abgefallene.*

Dieses Thema ist in der Gemeinde heute nicht häufig zu hören, obgleich die Bibel wiederholt und prophetisch darüber spricht. Aber warum nicht? Warum scheint Theologie so wichtig zu sein für Judas und Paulus? Warum nimmt Gott die Wahrheit so ernst? Sollten wir nicht bei den alltäglichen Fragen, Problemen und «praktischen Anwendungen» für unser Leben bleiben?

In diesem Punkt muss die Gemeinde ihre Sichtweise ändern. Laut Jesus und den neutestamentlichen Schreibern *sind* Theologie und Lehre praktische Dinge. Und sie sind gewiss nicht nur für Prediger, Theologen und «Bibelfreaks». Das Wort Gottes wurde für den einfachen Mann geschrieben. Gott möchte, dass alle Seine Kinder Sein Wort lesen und verstehen.

Ausserdem kennt selbst der jüngste Gläubige zumindest ein bisschen Theologie und Lehre. Wenn Sie sagen: «Ich glaube, Jesus starb am Kreuz, um meine Sünde wegzunehmen», *dann ist das* Lehre und Theologie.[7] Theologie ist das Studium Gottes, und Lehre meint einfach ein Lehrsystem oder eine Ansammlung von Glaubensüberzeugungen. Unser Glaube ist in erster Linie kein Gefühl. Er ist eine *Überzeugung*, die auf Fakten beruht. Er handelt mehr von einer begründeten Zusicherung als von persönlicher Philosophie. Wie in der Mathematik oder Wissenschaft können wir uns nicht einfach Fakten ausdenken oder uns Dinge über Gott vorstellen und dann unser Leben auf diesen Gedanken aufbauen. Wenn man das tut, weicht man radikal von der Schrift und den historischen Glaubensüberzeugungen der frühen Gemeinde ab. Stattdessen müssen wir unsere Gedanken über Gott stets an der biblischen Wahrheit ausrichten, ungeachtet der zeitgenössischen oder populären Denkweise, modischen Glaubenserscheinungen oder theologischen Trends. Denn *wahre* Erkenntnis fängt bei Gott an (s. Spr 1,7).

Sie würden nicht hartnäckig behaupten, dass 2 + 2 = 73 ist, oder die Sonne sich um die Erde dreht, selbst wenn Sie es «von ganzem Herzen glaubten». Denn Sie wissen, dass das offensichtlich falsch ist. Und weil Sie ein denkender Mensch sind, wissen Sie auch, dass etwas nicht einfach wahr oder real ist, nur weil Sie es sagen. Einfach etwas zu *glauben*, macht es noch nicht wahr. Es ist entweder wahr oder nicht, unabhängig von unserem Glauben.

Ein weiterer Grund, weshalb die Wahrheit für unseren Glauben so entscheidend ist, ist, dass sie den Charakter und das Wesen Gottes widerspiegelt. Gott ist wahr, und Sein Wort ist

Wahrheit (s. Joh 17,3.17; Röm 3,4; Tit 1,2). Alle Wahrheit gehört Ihm. Wenn wir also Seine Wahrheit entdecken, glauben und ausleben, ehren wir Ihn und erheben Seinen Charakter.

Die gesunde Lehre ist für uns ebenso wichtig, denn etwas über Gott zu glauben, was *nicht* wahr ist, ist Götzendienst. In diese Falle tappen wir, wenn wir an eine subtile oder offenkundige Lüge über Gott glauben. Im Grunde ersetzen wir dann die biblische Wahrheit über Ihn durch unsere eigene. Daher können wir uns nicht aussuchen, was wir über Gott, Christus, den Himmel und das christliche Leben glauben. Wenn wir Glaubensinhalten gleichgültig gegenüberstehen, verharren wir in einem unreifen Zustand und werden geistlich kraftlos. Und das will kein Jünger Christi.

Wir müssen es der Schrift auch gestatten, unseren Glauben zu festigen und zu beeinflussen, denn unser Denken ist von Natur aus begrenzt und fehlerhaft. Gott weiss das, deshalb wirkt der Heilige Geist in uns mit dem Wort Gottes zusammen, erklärt uns seine Wahrheit und bringt unser Denken, unseren Charakter und unser Verhalten zur Reife (s. Joh 14,26; 16,13-16).

Ausserdem schützt uns die gesunde Lehre vor den irreführenden Lügen und Halbwahrheiten des Teufels. Je mehr wir die Wahrheit kennen und uns an sie halten, umso mehr sind wir geschützt inmitten des geistlichen Kampfes. Das bewahrt uns davor, von den vielen Listen des Teufels getäuscht zu werden (s. Eph 6,11.14). Wenn wir den Glauben in dieser Welt erfolgreich verteidigen wollen, müssen wir Männer und Frauen sein, die wissen, *was* und *warum* sie glauben. Dazu ruft Gott jeden Christen auf (s. 1Petr 3,15).

## Betrüger entlarven

Lehrmässiges Unterscheidungsvermögen ist eine geistliche Fähigkeit, die man mit der Zeit erlernt, nicht mit einer einzigen Predigt oder einem Buch. Es funktioniert wie ein ständiges Glaubensradar, das einen inneren Alarm auslöst, wann immer die Schrift falsch ausgelegt wird oder Kompromisse mit ihr eingegangen werden.

Stellen Sie sich für einen Augenblick vor, Sie würden zum Piloten ausgebildet. Sie würden damit rechnen, Hunderte von Stunden in Schulungsräumen zu verbringen und von erfahrenen Piloten persönlich unterwiesen zu werden, nicht wahr? Dann kämen noch viele Flugstunden und zahlreiche Tests hinzu, bevor Sie zum ersten Mal alleine fliegen. Sie würden nicht davon ausgehen, ein Kampfflugzeug fliegen zu können, nur weil Sie ein paar Mal den Film *Top Gun* gesehen haben! Sie würden sich kein Sweatshirt mit der Aufschrift «Juristische Fakultät Harvard» kaufen und dann erwarten, einen Fall vor einem Richter und einer Jury zu verhandeln, oder?

Das kommt allerdings dem sehr nahe, was der Teenager Frank Abagnale tat. Von der Scheidung seiner Eltern im Jahr 1963 am Boden zerstört, leitete Frank seine Enttäuschung und Frustration in eine andere Richtung. Er wurde zu einem raffinierten Hochstapler und gab sich sogar als Pilot einer Fluggesellschaft aus. Seine Betrügereien finanzierte Abagnale durch gefälschte Schecks, die sich schon bald auf ein Gesamtvolumen in Millionenhöhe beliefen. Als man ihn schliesslich schnappte, verbrachte er Jahre in französischen, schweizerischen und amerikanischen Gefängnissen, bevor ihm die Chance geboten wurde, beim FBI für die Abteilung für Bankbetrug zu arbeiten. Seine Geschichte war so unglaublich, dass sie mit Tom Hanks und Leonardo DiCaprio unter dem Titel *Catch Me If You Can* verfilmt wurde. Doch obwohl Frank Abagnale von den Leuten mit «Kapitän» und «Doktor» angesprochen wurde, war er weder das eine noch das andere. In Wirklichkeit war ein Hochstapler. Ein Betrüger. Eine Fälschung. Und er wusste die ganze Zeit über, was er tat.

Leider werden Gott und die Bibel heute von vielen falsch dargestellt, auch wenn sie meinen, sie würden die Wahrheit sagen. Es gibt natürlich auch jene, die andere bewusst betrügen, um an Macht und Profit zu kommen. Andere falsche Lehrer meinen es ernst und sind sich ihrer Sache sicher, obschon sie reine Irrlehren verbreiten. Aber Aufrichtigkeit ist kein Ersatz für biblische Integrität. Von Webcasts, Blogs und Fernsehauftritten bis hin zu Gemeindekanzeln und Bücherregalen verbreitet der Abfall vom Glauben seinen fauligen Geruch.

Das mag etwas hart und restriktiv klingen, vielleicht sogar einengend und engstirnig. Wenn es danach klingt, dann liegt es daran, dass es so ist.

Lesen Sie die Worte Jesu in Matthäus 7,13-14: «Geht ein durch die enge Pforte! Denn die Pforte ist weit und der Weg ist breit, der ins Verderben führt; und viele sind es, die da hineingehen. Denn die Pforte ist eng und der Weg ist schmal, der zum Leben führt; und wenige sind es, die ihn finden.»

Interessanterweise warnt Jesus sofort im Anschluss vor falschen Lehrern: «Hütet euch aber vor den falschen Propheten, die in Schafskleidern zu euch kommen, inwendig aber reissende Wölfe sind! An ihren Früchten werdet ihr sie erkennen» (Mt 7,15-16).

Ohne ein klares Schriftverständnis und die beständige Ausrichtung unseres Herzens und Verstandes am Wort Gottes kann die Wahrheit in uns verblassen und sich sogar unseren Gefühlen oder der veränderten Zeit anpassen. Wie also kann der Durchschnittschrist den Unterschied zwischen echter Wahrheit und einer Fälschung erkennen? Wie können Sie wissen, ob ein Pastor, Lehrer, Redner, Blogger oder Autor die Wahrheit über Gott und die Bibel sagt? Wie können Sie falsche Lehren aufdecken?

Die gute Nachricht ist, dass wir wissen können, wessen Botschaft falsch ist und wessen nicht, auch wenn alle Lehrer angezogen sind wie Schafe. Wir müssen nur ihre Lehren und die Früchte ihres Dienstes überprüfen. Stimmen ihre Aussagen mit dem Wort überein? Passen sie zu dem historischen Verständnis von der biblischen Lehre? Was bringt ihr Dienst im Allgemeinen hervor – Jünger Jesu oder geistliche «Groupies»? Selbst das persönliche Zeugnis eines Menschen muss von der Schrift bestätigt werden.

Das soll nicht heissen, dass jeder von uns alles begreift, was im Augenblick der Errettung geschieht, oder wir es wortgewandt ausdrücken können. Doch wenn wir wachsen, fangen wir an, den tiefen Brunnen der Wahrheit hinter etwas so Einfachem zu verstehen, wie Christus zum Heil zu vertrauen. Andernfalls kann man nahezu alles über Gott oder eine persönliche Erfahrung mit Ihm behaupten, und solange Ihr Verstand nicht geschärft ist, können Sie leicht getäuscht oder von überredenden Worten, Emotionen oder einer fesselnden Darstellung in die Irre geführt werden. Wenn Sie aber die Bibel studieren, schlagen die Gedanken Gottes in Ihrem Denken Wurzeln. Dann funktioniert die Schrift wie ein «Wahrheitsfilter», der die cleveren Lügen des Teufels aussiebt. Diese Art von Unterscheidungsvermögen entwickelt und verfeinert sich weiter, wenn wir den schmalen Weg mit dem gehen, der die Wahrheit verkörpert (s. Joh 1,17-18; 14,6).

Ich (Jeff) lebte fünf Jahre in Mobile, Alabama, wo ich als Schülerpastor in einer örtlichen Gemeinde diente. In dieser Zeit hielten wir Jugendveranstaltungen auf der USS *Alabama* ab, einem Schlachtschiff aus dem Zweiten Weltkrieg. Die *Alabama* liegt dauerhaft in der Bucht von Mobile vor Anker und ist eine der grössten Touristenattraktionen des Bundesstaates. Wir mieteten das ganze Schiff, und unsere Schüler hatten Spass beim Entdecken seiner vielen Besonderheiten und an einem ordentlichen Wettbewerb, nach welchem ich anschliessend über geistliche Kriegsführung sprach. Nach einem unserer Aufenthalte klagte jedoch ein Mädchen, dass sie seekrank geworden sei.

«Es ist dieses ganze Hin- und Herschaukeln des Schiffes», sagte sie. «Ich weiss nicht, wie lange ich das noch aushalte.»

Um sie zu beruhigen, erklärte ich ihr, dass die *Alabama* nicht wirklich hin- und herschaukelte, wie sie glaubte. Der 42 000 Tonnen schwere Schiffskörper ruhte sicher auf dem Grund der Bucht von Mobile, fest in Beton verankert. Das Schiff schaukelte überhaupt nicht. Das passierte nur in ihrem Kopf.

Ihre Bibel ist ein unerschütterliches Fundament der Wahrheit, verankert in Gott selbst. Und obschon Ihre Sinne Ihnen vorgaukeln mögen, dass Ihre Wahrheit hin- und herschaukelt, bleibt sie doch fest und ewig.

Martin Luther soll geschrieben haben:

*Gefühle kommen und Gefühle gehen,*
*Und Gefühle sind trügerisch;*
*Meine Rechtfertigung ist das Wort Gottes –*
*Nichts sonst ist es wert zu glauben.*
*Auch wenn sich mein ganzes Herz verurteilt fühlt*
*Weil es an einem süssen Zeichen mangelt,*
*Ist einer grösser als mein Herz*
*Dessen Wort kann nicht gebrochen werden.*
*Ich vertraue auf Gottes unveränderliches Wort*
*Bis Seele und Körper getrennt werden,*
*Denn obwohl alle Dinge vergehen,*
*Sein Wort wird ewiglich bestehen!*

Seien Sie ganz beruhigt. Was unsere Gesellschaft oder populäre christliche Trends auch sagen mögen, Gottes Wahrheit verändert sich nicht. Und obwohl es nicht Ihre Aufgabe ist, die ganze Welt über falsche Lehren aufzuklären oder zum «Polizist der Lehre» zu werden, sind Sie nach wie vor aufgerufen, für die Wahrheit einzustehen, sie zu verkünden und wenn nötig, falsche Lehren zu entlarven.[8] Fragen Sie sich immer: «Was sagt die Bibel?», und nicht: «Gibt es mir ein gutes Gefühl, macht es mich glücklich, oder werde ich von anderen akzeptiert?» Beurteilen Sie andere, die meinen, sie würden die Wahrheit vertreten, und überprüfen Sie Ihre eigenen Glaubensüberzeugungen anhand der Bibel (s. Apg 17,11). Das ist Ihr «geografischer Norden», Ihr Kompass in einer verwirrenden Gesellschaft, Ihr unbewegliches Fundament in einem ständig tobenden Sturm (s. Mt 7,24-27).

## Fussnoten

1 In einem Interview in Oprah Winfreys *Super Soul Sunday* sagte Bell: «Wir sind nur Augenblicke entfernt. Ich denke, die Kultur ist schon vorhanden. Und die Gemeinde wird noch unbedeutender, wenn sie zweitausend Jahre alte Briefe als ihre beste Verteidigung heranzieht.» Siehe «Rob Bell Suggests Bible Not Relevant to Today's Culture», *CBN News*, 19. Februar 2015, http://www1.cbn.com/cbn-news/us/2015/Febuary/Rob-Bell-Suggests-Bible-Not-Relevant-to-Todays-Culture.

2 Jim Hinch, «Evangelicals Are Losing the Battle for the Bible. And They're Just Fine with That», *Los Angeles Review of Books*, 15. Februar 2016, http://lareviewofbooks.org/article/evangelicals-are-losing-the-battle-for-the-bible-and-theyre-just-fine-with-that.

3 Nach dem Bilde Gottes geschaffen zu sein, beinhaltet, mit Verstand (die Fähigkeit, zu denken und Schlussfolgerungen zu ziehen), Gefühl (die Fähigkeit zu fühlen) und Willen (die Fähigkeit, sich zu entscheiden) ausgestattet worden zu sein. Es bedeutet auch, dass wir *geistliche* Wesen sind. Obwohl wir durch Adams Sündenfall geistlich gestorben sind, sind wir bei der Errettung durch Christus wieder lebendig gemacht worden (s. Eph 2,1.5; Kol 2,11-13; Tit 3,5).

4 S. Röm 1,18-20; 2,14-15 hinsichtlich der allgemeinen Offenbarung. S. auch Kolosser 1,15-19; Hebräer 1,1-4 hinsichtlich der speziellen Offenbarung durch Jesus Christus.

5 S. 2Mo 20,1-8. S. auch 2. Mose 32,1-6, wo Israel seinen Gott als goldenes Kalb darstellte. Dieses falsche Bild von Gott beleidigte nicht nur Seine Herrlichkeit, sondern führte auch zu allen möglichen Arten von Sünden und Ausschweifungen.

6 Das Wort, das am häufigsten für diese Erkenntnis verwendet wird, ist *ginóskó*. Seine Hauptbedeutung besteht darin, etwas aus persönlicher Erfahrung zu kennen. Diese Erfahrung beginnt beim Verstand und wird im praktischen Leben angewandt.

7 «Theologie» meint das Studium des Wortes Gottes. Das Studium der Heilslehre wird als «Soteriologie» bezeichnet, und das Studium Christi «Christologie». Diese Begriffe werden verwendet, um die christliche Lehre zu systematisieren und zu kategorisieren. Allgemein lassen sich die meisten systematischen Theologien wie folgt einteilen: Prolegomena (Einführung in die allgemeine Theologie, wie Gott sich offenbart, etc.), Bibliologie (das Studium der Bibel), Paterologie (das Studium der Lehre von Gott), Christologie (das Studium von Jesus Christus), Pneumatologie (das Studium des Heiligen Geistes), Anthropologie (das Studium des Menschen), Soteriologie (das Studium der Heilslehre), Ekklesiologie (das Studium der Gemeinde), Angelologie (das Studium der Engel und Dämonen) und Eschatologie (das Studium der Endzeit).

8 Auf der folgenden Website finden Sie eine hervorragende Liste mit Bibelstellen, die sich mit Irrlehrern und unserer Reaktion auf sie befassen: https://www.openbible.info/topics/exposing_false_teachers.

KAPITEL 4

# KULTUR DER KOMPROMISSE

Jenga gehört zu den bekanntesten Tischspielen. Bei diesem Geschicklichkeitsspiel werden rechteckige Holzsteine zu einem Turm aufgestapelt. Die Spieler versuchen, abwechselnd einen Stein nach dem anderen aus dem Turm zu ziehen, ohne ihn zum Einsturz zu bringen. Nachdem die Steine entnommen wurden, werden sie oben auf den Turm gelegt. Dabei wird die ganze Konstruktion zunehmend höher und instabiler. Irgendwann zieht ein Spieler einen Stein heraus und der ganze Turm bricht zusammen und die Steine verteilen sich über den Tisch.

In der Gemeinde spielen heute viele ein theologisches Jenga. Sie entfernen eine lehrmässige oder moralische Wahrheit nach der anderen und hinterlassen klaffende Lücken, während die Zitadelle des Glaubens immer weniger und instabiler wird. Aber wie bei Jenga wird irgendwann ein wichtiger Stein entfernt und die Konstruktion verliert ihre Standfestigkeit. Das Ganze bricht zu einem chaotischen Haufen zusammen. Natürlich kann Gottes Turm der Wahrheit nicht vom Widerstand oder der Verzerrung des Menschen zum Einsturz gebracht werden, aber menschlich gesehen, wird die sichtbare Gemeinde Jesu Christi vor unseren Augen geschwächt.

Heute finden wir sowohl lehrmässige als auch moralische Kompromisse in der bekennenden Gemeinde. Die lehrmässigen Fundamente des Glaubens – wie die Inspiration und Allgenügsamkeit der Schrift, die Jungfrauengeburt Jesu, die Gottheit Christi, Vergebung durch Gnade allein durch den Glauben an Christus und die buchstäbliche, sichtbare Rückkehr Jesu auf die Erde – werden nicht länger für unverzichtbar gehalten und in vielen Fällen sogar als hinderlich für den Fortschritt angesehen. Ich erinnere mich an eine Geschichte aus dem Dienst von Billy Graham. Am Ende seiner frühen Evangelisation in Los Angeles wurden sein Dienst und seine Predigt von einem Pfarrer der Episkopalkirche im *Time* Magazin so beschrieben: «Ich glaube, er wirft die Gemeinde um 50 Jahre zurück.» In der letzten Woche beim Mitarbeiterfrühstück sagte Graham, der selten auf seine Kritiker reagierte: «Ich fürchte, ich bin gescheitert. Ich hatte gehofft, die Gemeinde um 2000 Jahre zurückzuwerfen.»[1]

Zusammen mit der lehrmässigen Abkehr von der Wahrheit wird ein moralischer Grundsatz nach dem anderen herausgerissen wie Jengasteine. Francis Schaeffer wies schon vor Jahren auf diese Gefahr hin: «Wenn unsere Reflexhandlung immer Anpassung ist, ganz gleich, von welcher zentralen Bedeutung die betroffene Wahrheit ist, dann läuft etwas falsch.»[2]

William Booth (1829-1912), der Gründer der Heilsarmee, war ein hingegebener Nachfolger Jesu Christi. Am Vorabend des 20. Jahrhunderts sagte er voraus, dass es im neuen Jahrhundert schlecht bestellt sei um das Evangelium. Er sagte, gegen Ende des 20. Jahrhunderts würde viele in der Gemeinde Folgendes predigen:

- ein Christentum ohne Christus
- Vergebung ohne Busse
- Errettung ohne Wiedergeburt
- Himmel ohne Hölle

Booths Worte klingen geradezu prophetisch. Genau an diesem Punkt sind wir heute angekommen. Wie das Sprichwort sagt: «Der lebendige Glaube der Toten ist zum toten Glauben der Lebenden geworden.» Das sehen wir überall um uns herum. Kompromisse haben das Leben aus dem lebendigen Glauben gesaugt. Viele Gemeindebesucher gähnen heute über die Wahrheiten, für die ihre Vorväter ihr Blut und sogar ihr Leben gaben.

Jüngste Umfragen zeigen, 70 Prozent der Amerikaner mit religiöser Zugehörigkeit sagen, dass viele Religionen – nicht nur ihre eigene – zur Errettung und zum ewigen Leben führen können. Und 57 Prozent der regelmässigen evangelikalen Gemeindebesucher glauben, dass viele Religionen Errettung bringen können.[3] Diese Statistiken repräsentieren eine beispiellose Veränderung der Meinungslage. Sie zeigen, dass die grösste Gefahr für die Gemeinde heute nicht Humanismus, Heidentum, Atheismus oder Agnostizismus sind. Die grösste Gefahr ist nicht die zunehmende Feindseligkeit der Gesellschaft gegenüber unserem Glauben. Unsere grösste Gefahr ist der innere Abfall vom Glauben, der von Irrlehrern ausgeht – von liberalen Theologen, die die biblische Lehre leugnen und verdrehen und andere mit sich ziehen.

Christen fürchten sich oft vor dem, was in unserer Gesellschaft vor sich geht. Wir haben Angst, was die Regierung unseren Gemeinden auferlegen könnte, und diese Sorge ist sicherlich nicht unbegründet. Dennoch müssen wir uns daran erinnern, dass es in Offenbarung 2,5 nicht Cäsar war, der die Türen der Gemeinde schliesst, sondern Jesus Christus. Jesus schliesst die Türen und räumt die Gebäude. Der Gemeinde in Ephesus sagte Jesus, dass Er den Leuchter der Gemeinde wegnehmen würde. Er würde den Stecker ziehen und die Lichter ausmachen. Wir beklagen den Zerfall der Gesellschaft, und das zu Recht, aber die grösste Gefahr für unsere Gemeinden und für jeden von uns persönlich ist das Abfallen von der Wahrheit des Wortes Gottes. Wie Vance Havner einst sagte: «Die grösste Gefahr für die Gemeinde sind nicht die Spechte von aussen, sondern die Termiten im Inneren.» Die Termiten des Kompromisses zerfressen die Gemeinde und das Leben Einzelner allmählich von innen und lassen leere Hüllen zurück.

Heute sind viele offen und sogar militant gegen die Wahrheit eingestellt, aber andere Standpunkte sind weitaus gefährlicher. Ihre Positionen zu wichtigen theologischen oder moralischen Fragen herauszufinden, ist so, als würde man versuchen, Wackelpudding an die Wand zu nageln. Ihr Ansatz gleicht einem theologischen Buffet. Vor Kurzem hörte ich jemanden sagen: «Ungenau ist heute in Mode.» So oder so beugt sich die Gemeinde heute dem Druck der Welt (s. Röm 12,2). Wie sind wir an diesen Punkt gekommen? Warum ist das so? Wie können wir unseren Halt in einer Gesellschaft zurückgewinnen, in der Werte immer weiter ins Bodenlose stürzen?

## Zwei Arten von Kompromissen

Heute sind viele schnell zu Kompromissen bereit. Sie haben kein Problem, in vielen Dingen Kompromisse zu schliessen, sogar in Bezug auf wesentliche christliche Glaubensinhalte und moralische Grundsätze. Für andere ist *Kompromiss* ein schmutziges Wort. Ihrer Ansicht nach sollte man mit nichts, was von Wert ist, jemals einen Kompromiss eingehen. Die Wahrheit scheint in der Mitte dieser Extreme zu liegen. Nicht jeder Kompromiss ist schlecht. Allgemein gesagt, es gibt zwei Arten von Kompromissen – weise und weltliche. Weise Kompromisse sind ein Versuch, einen Weg zwischen zwei Extremen zu finden. Um der Einheit und des Friedens willen werden persönliche Vorlieben und egoistische Wünsche aufgegeben. Weise Kompromisse sind gut. In der Ehe, der Familie, im Beruf und sogar in der Politik gehen wir die ganze Zeit über Kompromisse ein. Niemand kann immer alles so bekommen, wie er es sich vorstellt. In vielen Lebensbereichen können Kompromisse geschlossen werden, ohne gegen wichtige Grundsätze zu verstossen. Biblische Unterordnung – die Bereitschaft, sich anderen unterzuordnen, fehlende Ichbezogenheit und das Interesse an den Gedanken anderer – ist eine Form von weisen Kompromissen.

Weltliche Kompromisse hingegen sind schlecht. Sie weichen von unverzichtbaren moralischen Prinzipien ab. Sie geben die Wahrheit für den Irrtum auf, Moral für Unmoral, das Gute für das Böse. Genau das passiert heute in vielen Gemeinden und ganzen Denominationen. A. W. Tozer bemerkt: «Dem Friedensstifter ist Gottes Segen verheissen, aber der religiöse Verhandlungsführer sollte besser aufpassen, was er tut. ... Dunkelheit und Licht können nie durch Worte zusammengebracht werden. Manche Dinge sind nicht verhandelbar.»[4]

Der alttestamentliche Prophet Daniel ist ein treffendes Beispiel für das Gleichgewicht zwischen weisen und weltlichen Kompromissen. Er und einige andere junge Männer aus dem jüdischen Adel wurden von König Nebukadnezar von Jerusalem nach Babylon deportiert. Durch seine Assistenten begann Nebukadnezar mit einem Programm, das diese jungen Israeliten vollständig in die babylonische Kultur integrieren sollte. Der Plan war, ihre Sprache, Bildung, Namen und Ernährung zu verändern. Daniel und seine Freunde waren weise genug, vielen dieser Veränderungen zuzustimmen. Sie lernten eine neue Sprache. (Schliesslich mussten sie die babylonische Sprache beherrschen, um zurechtzukommen.) Sie unterzogen sich drei Jahre lang einer höheren Ausbildung, zu der wahrscheinlich Mathematik, Astrologie, Astronomie und Landwirtschaft gehörten. Sie liessen es sogar zu, dass man ihre Namen änderte. Nichts im Gesetz hinderte sie daran, babylonische Namen anzunehmen.

Aber was die Ernährung betraf, da widersetzten sie sich einer Veränderung (s. Dan 1,3-20). Warum? Weil Gott im Gesetz klare Speiseeinschränkungen vorgegeben hatte. Die Lebensmittel, die Nebukadnezar ihnen vorsetzen liess, waren den Götzen als Opfer dargebracht worden und verstiessen somit gegen die Vorschriften des Gesetzes. An diesem Punkt zogen Daniel und seine Freunde einen Strich. Daniel würde keine Kompromisse oder Zugeständnisse machen – nicht einmal im Angesicht des Todes. Seine Überzeugungen basierten auf dem Wort Gottes. Eine alte Redensart sagt: «Grosse Türen ruhen auf kleinen Scharnieren.» Daniels Weigerung, einen Kompromiss mit der Wahrheit Gottes einzugehen, war das kleine Scharnier, auf der die grosse Tür des Lebens ruhte.

Vor Jahren machte G. K. Chesterton die kraftvolle Aussage: «Das, was Verstand und Mund bewegt, muss auf einer soliden Basis stehen.» Wer dem Evangelium – der guten Nachricht von Jesus Christus – vertraut, hat die feste Wahrheit verstanden, dass Er Gott in Menschengestalt und der einzige Weg zu Gott dem Vater ist und das Leben am Wort Gottes, der Bibel, ausgerichtet werden muss. Hinsichtlich dieser Überzeugungen dürfen niemals Kompromisse geschlossen werden. Wir können in vielen Lebensbereichen Kompromisse eingehen, und es ist auch klug, dies zu tun, aber in Bezug auf das Evangelium und seine Auswirkungen auf das tägliche Leben dürfen wir nicht für alles offen sein.

In dem Musical *Fiddler on the Roof* (dt. Anatevka) ist Tewje ein liebevoller Vater, der nacheinander mit Dingen konfrontiert wird, die seine Kinder tun wollen, die ihm missfallen. Zunächst weist er sie zurück, als er dann aber allein ist, beginnt er beide Seiten abzuwägen. Er sagt zu sich: «Einerseits ...», und dann: «Aber andererseits ...», während er die Angelegenheit von beiden Seiten beleuchtet. Anschliessend gewährt er seinem Kind die Bitte, auch wenn es gegen seine Wünsche ist. Als aber eine seiner Töchter einen russischen Kommunisten heiraten will, verbietet er es ihr. Er geht die Sache nach seinem bewährten Muster von «einerseits» und «andererseits» durch und kann es ihr nicht erlauben. In diesem Fall sagt er: «Es gibt kein ‹Andererseits›.»

Das gilt auch für den Glauben. Es gibt unverhandelbare Dinge im christlichen Leben. Was das Evangelium Jesu Christi und seine moralischen Auswirkungen betrifft, gibt es kein «Andererseits».

## Warum gibt es so viel Kompromisse und Abfall vom Glauben?

An diesem Punkt müssen wir uns die Frage stellen: Warum gibt es heute so viele Kompromisse und einen geradezu epidemischen Abfall vom Glauben? Warum fallen so viele ab, so schnell und so leicht? Warum werden biblische Grundlagen so beiläufig fallengelassen? Was bringt Menschen in der Gemeinde dazu, sich von der Wahrheit des Wortes Gottes abzuwenden? Natürlich könnte man viele Gründe und Erklärungen anführen, aber die folgenden fünf scheinen in der Schrift herauszuragen.

Die ersten drei sind ziemlich klar und einfach. Für die letzten beiden brauchen wir etwas mehr Zeit. Erstens, viele schliessen Kompromisse aus Liebe zur Welt – klar und einfach. Sie lieben ihre Sünde und wollen dem Wort Gottes nicht folgen (s. 2Tim 4,10). Sie ersetzen Gottes Weisheit durch ihre eigene. Sie stellen sich über die Bibel statt unter sie. Zweitens, andere sind zu Kompromissen bereit, weil sie dem Wort Gottes nur oberflächlich Aufmerksamkeit schenken. Sie kennen die Bibel kaum und nehmen sie nicht ernst. Sie treiben von der Wahrheit weg (s. Hebr 2,1-4). Drittens, manchmal entstehen Kompromisse aus offener Rebellion und Auflehnung heraus (s. Hebr 3,12).

Viertens, viele gehen Kompromisse ein, weil die Bibel und die Worte Jesu hart und einengend sein können. Jesus verlor oft Nachfolger, weil Seine Lehren zu streng waren (s. Joh 6,60.66). Seine Worte gehen unserer sündigen Natur gegen den Strich. Wenn wir in Bezug auf Überzeugungen und Verhalten kompromissbereit sind, fällt es uns viel leichter, ein selbstbezogenes Leben zu führen und jegliche Kollision mit der Welt um uns herum zu vermeiden. Zu einem frühen Zeitpunkt in seinem Leben zog Mark Twain in eine Bergarbeiterstadt in Nevada. Es war eine völlig offene Stadt mit Bordellen und Bars an jeder Ecke. Twain sagte: «Ich erkannte sofort, dass es kein Ort für einen Presbyterianer war, deshalb beschloss ich, keiner zu sein.» Er ging Kompromisse ein. Viele sind seinem Beispiel gefolgt. Da sie es schwer fanden, ein Christ zu sein, versuchten sie es entweder nicht mehr oder waren hinsichtlich ihrer Überzeugungen zu Kompromissen bereit.

Fünftens, viele wollen den Menschen gefallen. Sie halten es nicht aus, verhöhnt, verleumdet und schlecht behandelt zu werden. Der Wunsch, angenommen zu werden, ist stark. Den breiten Weg zu nehmen und sich anzupassen, ist weniger anstrengend. Stromaufwärts zu schwimmen, ist schwer und ermüdend. Kompromisse setzen die Massstäbe stets herab. Sie gehen selten in die Offensive. Sie sagen den Menschen, was sie hören wollen, deshalb sind sie so attraktiv. Den Leuten zu sagen, dass sie glauben können, was immer sie wollen, und so leben können, wie sie es möchten, ist viel angenehmer, als ihnen die Wahrheit zu sagen, obwohl nur die Wahrheit sie wirklich frei machen kann.

Wir in der Gemeinde stehen heute unter dem Druck, unsere Theologie und unsere Moralvorstellungen abzuschwächen, um den Menschen ein gutes Gefühl zu geben. Wir hören Aussagen wie: «Du musst nicht dem Evangelium Jesu Christi glauben, um in den Himmel zu kommen. Es gibt viele Wege in den Himmel.»

Oder: «Niemand kommt in die Hölle. Die Hölle gibt es gar nicht.» Oder: «Gott will, dass du reich und immer gesund bist.» Oder: «Du kannst lieben, wen du willst. Gott wird dich nicht verurteilen. Er ist ganz und gar Liebe.» Oder: «Warum sollten wir an ein Buch glauben, das vor so langer Zeit geschrieben wurde?»

Der zunehmende Progressivismus wird von vielen wie John Shore begrüsst:

> Es ist unvermeidlich, dass liberale/progressive Christen die Mehrheit der Christen in Amerika ausmachen werden. Diese grosse Veränderung können wir jetzt schon überall um uns herum wahrnehmen. Heute sind konservative evangelikale Christen, die gegen «postmodernen Relativismus», «revisionistische säkulare Theologie», «eine naturalistische Lehre Gottes» oder alles andere mobilisieren, was sie als linke Theologie bezeichnen, wie die Besitzer von Pferdekutschen von gestern, die gegen die neumodischen Automobile protestierten.[5]

Ohne es zu wissen, werden Shores Ansichten in der Schrift sogar prophezeit. Seine Einstellung erfüllt, was die Bibel über die letzten Tage sagt. In seinen letzten Worten an seinen Schützling Timotheus sagte der Apostel Paulus voraus, was wir heute sehen:

> Ich bezeuge ernstlich vor Gott und Christus Jesus, der richten wird Lebende und Tote, und bei seiner Erscheinung und seinem Reich: Predige das Wort, halte darauf zu gelegener und ungelegener Zeit; überführe, weise ernstlich zurecht, ermahne mit aller Langmut und Lehre. Denn es wird eine Zeit sein, da sie die gesunde Lehre nicht ertragen werden, sondern nach ihren eigenen Begierden sich selbst Lehrer aufhäufen werden, indem es ihnen in den Ohren kitzelt; und sie werden

> die Ohren von der Wahrheit abkehren, sich aber zu den Fabeln hinwenden (2Tim 4,1-4; Elberfelder 2003).

Predigten, die in den Ohren kitzeln, sind heute überall zu finden. Wie Tim LaHaye und Jerry Jenkins schreiben:

> Falsche Lehrer existieren kaum in einem geistlichen Vakuum. Sie tauchen auf, weil die Menschen ihre dem Fleisch schmeichelnden Lehren hören und nach ihnen handeln wollen. Geistlichkeit ist in vielerlei Hinsicht ebenso eine Ware wie Elektroartikel oder Rindfleisch und ist ähnlichen Gesetzen von Angebot und Nachfrage unterworfen. ... Mit anderen Worten, die Menschen verlangen danach, gottlose Fabeln zu hören, und kurz darauf tauchen falsche Lehrer auf, die ihren Bedarf decken – wie Fliegen auf einer Mülldeponie.[6]

Ein permanenter Slogan heutiger Abgefallener ist ihre Sorge, dass Christen gehasst oder zur Bedeutungslosigkeit verurteilt werden, wenn wir für die Wahrheit eintreten. Wenn wir die Welt gewinnen wollen, müssen wir ihr sagen, was sie hören will, ihrem Verlangen nachgeben, Kompromisse hinsichtlich unserer Überzeugungen eingehen, damit sich andere uns anschliessen. Die wichtigste Tugend ist, niemanden zu verletzen. Doch wenn das unser Ziel ist, müssen wir uns fragen: Zu was bekehren sich die Menschen dann?

Jene, die nach Kompromissen rufen und in Fragen der Sexualmoral keinen Anstoss erregen wollen, zögern aber nicht, Christen für Habgier, Selbstsucht und ihre fehlende Sorge um die Armen zu rügen. Wenn es darum geht, Christen in Fragen der sozialen Gerechtigkeit Druck zu machen, zitieren sie die Bibel wörtlich und vertreten einen schonungslosen Ansatz. Bei bestimmten Arten von sündigem Verhalten sind sie nicht zimperlich. Aber bei Homosexualität und anderen kulturell akzeptierten Sünden müssen wir federweiche Handschuhe anziehen und uns zurückhalten, um nicht irgendjemanden im Entferntesten zu verletzen. Wie Doc Holliday zu seinem Freund Wyatt Earp am Ende des Films *Tombstone* sagt: «Meine Heuchelei kennt keine Grenzen.»

Liberale und progressive Theologen wenden auch die Taktiken von Scham und Demütigung an. Sie beanspruchen hohe moralische Werte für sich und blicken auf konservative bibeltreue Christen herab, die sie für lieblos, negativ und gemein halten. Wenn wir ihnen und ihrem Schriftansatz widersprechen, werden wir augenblicklich als Eiferer und Hasser abgestempelt und beschuldigt, an einer Phobie nach der anderen zu leiden. Es ist uns unmöglich, ihren Ansichten ehrlich zu widersprechen. Wir müssen für unsere Position gebrandmarkt, diffamiert und gegeisselt werden. Doch ganz gleich, wie laut sie unsere Haltung zu Gottes Wort anprangern, aus Angst vor Scham oder Demütigung dürfen wir es nicht zulassen, dass wir uns ducken und Kompromisse schliessen.

## Haben wir einen Massstab?

Obwohl viele moderne progressive Theologen eine geringe Meinung von der Schrift haben, greifen sie von Zeit zu Zeit auf sie zurück, um ihre Ansichten zu stützen, während sie gleichzeitig die Teile unberücksichtigt lassen, die sie nicht mögen. Eine ihrer Lieblingsstellen ist Johannes 8 – die Geschichte über die Frau, die beim Ehebruch erwischt und anschliessend von den Feinden Jesu zu Ihm gebracht wurde. Diese schöne Geschichte wird verdreht, um alle möglichen Arten von unbiblischen Vorstellungen über moralische Kompromisse zu stützen. Rachel Held Evans glaubt zum Beispiel, dass Jesus das Gesetz Gottes brach, um der Frau zu helfen. Sie schreibt:

> Jesus sagte einmal, sein Auftrag wäre es nicht, das Gesetz aufzuheben, sondern es zu erfüllen. Und in diesem Fall bedeutete die Erfüllung des Gesetzes, es durchgehen zu lassen. Es mag ein schwacher Trost für jene sein, die von bibelschwingenden Hardlinern verletzt wurden, aber die erschreckenden Gesetze aus 3. und 5. Mose verlieren ein bisschen an Wirksamkeit, wenn Gott selbst sie bricht.[7]

Das ist eine wenig subtile Herabsetzung der Gültigkeit und Autorität der Bibel und die gotteslästerliche Anschuldigung, dass Jesus sündigte. Evans versteht nicht, worum es geht. J. Carl Laney gibt uns hilfreiche Einblicke in die Bedeutung dieses Textes:

> Das Gesetz, das den Tod der Ehebrecherin forderte, verlangte auch, dass geeignete Zeugen mit der Steinigung begannen (5Mo 17,7). Waren diese Zeugen laut den Anforderungen des mosaischen Gesetzes geeignet?
>
> Die Worte Jesu: «Wer unter euch ohne Sünde ist», bezieht sich auf die wesentliche Voraussetzung im mosaischen Gesetz, nämlich, dass der Zeuge nicht böswillig sein durfte (5Mo 19,16-19.21; vgl. 2Mo 23,1-8). Ein böswilliger Zeuge fördert Gewalt, verdreht das Recht und missbraucht das Gesetz für eigennützige Zwecke, genau das, was die religiösen Führer in diesem Fall taten. Jesus wusste, dass jene, die als Zeugen gegen die Frau auftraten, nicht aus reinem Herzen und aus Sorge um das Recht handelten. Ihre Verschwörung, Ungerechtigkeit und ihre selbstsüchtigen Absichten schlossen sie von der Teilnahme an der Hinrichtung aus, die das mosaische Gesetz verlangte. ... Jesus wandte keine «situative Ethik» an. Er nannte Ehebruch Sünde und befahl der Frau, mit der Sünde aufzuhören. Jesus lockerte nicht die moralischen Massstäbe Gottes. Vielmehr wandte er das Gesetz sorg-

fältig an. Das Gesetz forderte Steinigung, aber es verlangte auch geeignete Zeugen.[8]

Man kann diese Begebenheit auch so sehen, dass «Jesus das Gesetz nicht bricht oder das alttestamentliche Gesetz abtut, sondern vielmehr die Doppelmoral dieser Männer anprangert, die dachten, das Gesetz gelte mehr für ehebrecherische [Frauen] als für ehebrecherische Männer».[9] In beiden Fällen ist es nicht nötig, Jesus als kompromissbereiten Gesetzesbrecher darzustellen, wie Evans nahelegt. Die Gnade und Vergebung, die Jesus der Frau in Johannes 8 zukommen lässt, sollte nicht missbraucht werden, um die Haltung Jesu gegenüber Sünde abzuschwächen. Wir dürfen nicht vergessen, nachdem Er ihr das Leben gerettet hatte, sagte Er zu ihr: «Geh hin und sündige nicht mehr!» (Joh 8,11). Im Kontext ist damit die Sünde des Ehebruchs gemeint.

Beachten Sie, dass Jesus ihre Sünde nicht beschönigte. Er bezeichnete sie als das, was sie war. Derselbe Jesus, der die Frau in Johannes 8 vor der mordlüsternen Menschenmenge rettete, sagte Seinen Nachfolgern ein Kapitel zuvor, dass die Welt «mich hasst ... denn ich bezeuge von ihr, dass ihre Werke böse sind» (Joh 7,7). Später im Johannes-Evangelium sagt Jesus:

> Wenn euch die Welt hasst, so wisst, dass sie mich vor euch gehasst hat. Wenn ihr von der Welt wärt, so hätte die Welt das Ihre lieb; weil ihr aber nicht von der Welt seid, sondern ich euch aus der Welt heraus erwählt habe, darum hasst euch die Welt. Gedenkt an das Wort, das ich zu euch gesagt habe: Der Knecht ist nicht grösser als sein Herr. Haben sie mich verfolgt, so werden sie auch euch verfolgen; haben sie auf mein Wort argwöhnisch achtgehabt, so werden sie auch auf das eure argwöhnisch achthaben. Aber das alles werden sie euch antun

> um meines Namens willen; denn sie kennen den nicht, der mich gesandt hat. Wenn ich nicht gekommen wäre und zu ihnen geredet hätte, so hätten sie keine Sünde; nun aber haben sie keinen Vorwand für ihre Sünde. Wer mich hasst, der hasst auch meinen Vater (Joh 15,18-23).

Wir dürfen die Worte Jesu oder irgendeine andere Bibelstelle nicht einfach aus dem Gesamtzusammenhang nehmen. Ja, sexuelle Sünden sind nicht die einzigen Sünden in der Bibel. Ungerechtigkeit und Habgier sind ebenfalls Sünden, und wir dürfen nicht davor zurückschrecken, sie als solche zu bezeichnen. Aber keiner von uns darf sich aussuchen, welche Sünden er besonders gerne verurteilt, während er andere schleifen lässt aus Angst, wir könnten uns bei der Welt unbeliebt machen.

Ich muss zugeben, hin und wieder benutzen wir alle Jesus, um unsere Lieblingsansichten zu stützen, während wir gleichzeitig ignorieren, was Er über unsere eigenen sündigen Angewohnheiten und Einstellungen sagt. Keiner von uns kann sich davon freisprechen, Jesus oder andere Teile der Schrift für unsere eigenen Zwecke zu benutzen. Wir sollten aber zumindest ehrlich sein in Bezug auf unsere Neigung, die Schrift zu missbrauchen, und die Worte Jesu und alle anderen in der Schrift in ihrem ursprünglichen Kontext so fair, genau und vollständig auslegen, wie es uns nur möglich ist. Alles andere ist inakzeptabel.

## Ein Beispiel

Um Ihnen deutlich zu machen, wie weit die lehrmässige Verwirrung und Kompromissbereitschaft heute geht, möchte ich Ihnen ein Beispiel von Tausenden aus der Blogwelt nennen. Den folgenden Blog hat eine Bestsellerautorin der *New York Times* verfasst, und ihre Online-Community wird jeden Tag von Hunderttausenden von Lesern besucht:

Der bessere Weg, die darunterliegende Perfektion der Dinge, die ich in mir fühle, ist: Es gibt keinen Krieg. Alle hungrigen Menschen bekommen genug zu essen. Alle einsamen Menschen werden geliebt. ... Menschen aller Rassen, Religionen, Geschlechter, Sexualitäten, Kulturen und Fähigkeiten werden gleichermassen geschätzt in unserer einen Menschheitsfamilie. Es gibt Gerechtigkeit. Frieden. Liebe. Gleichbehandlung.

Diese Art von ungesehener Ordnung der Dinge ist – meiner Ansicht nach – der Himmel auf Erden. Christen mögen es das Reich Gottes nennen. Meine jüdischen Freunde nennen es Schalom und meine atheistischen Freunde Liebe oder Frieden. Güte. Unsere buddhistischen Brüder und Schwestern mögen es nennen. [sic] ALLE MENSCHEN, die daran arbeiten, die oben genannte ungesehene Ordnung der Dinge jetzt auf die Erde zu bringen – ob Atheisten, Juden, Buddhisten, Hindus, Muslime oder Christen –, DIESE Menschen sind meine treuen Partner. Mir ist es nicht wichtig, welchen Namen Sie sich geben, mir ist die ungesehene Ordnung der Dinge wichtig, an die Sie glauben und für die Sie arbeiten. ...

Wenn wir jedoch eine kleine Bibelstelle benötigen, um die Vorstellung zu stützen, dass man Namen ignorieren kann, dann schauen wir uns Matthäus 7,21 an: «Nicht jeder, der zu mir sagt: Herr, Herr! wird in das Reich der Himmel eingehen, sondern wer den Willen meines Vaters im Himmel tut.»

Glaube ich, dass diese Stelle mit der Hölle droht? Nein. Ich halte keine Bibelstelle für eine Drohung – ich denke, die Schrift ist eine Einladung zu einer ungesehenen Ordnung der Dinge, die wahrhaftiger ist als alles, was wir sehen können.[10]

Beachten Sie, dass wiederholt von «fühlen» oder «ich meine» die Rede ist. Gefühle und menschliche Meinungen sind die heutige Bibel. Die Autorin zitiert Matthäus 7,21 und glaubt, die Stelle würde nicht davon sprechen, dass Menschen verurteilt werden. Doch der ganze Kontext von Matthäus 7,15-23 handelt von falschen Hirten, die ahnungslose Schafe wegführen vom schmalen Weg zum Heil und auf den breiten Weg zum Verderben bringen. Was die Autorin in ihrem Blog macht, erfüllt auf tragische Weise die ernste Warnung Jesu in genau der Stelle, die sie zitiert. Diese Bloggerin schliesst sich dem Chor der Stimmen an, die die Unfehlbarkeit und Allgenügsamkeit der Schrift und Jesus als den einzigen Weg zu Gott leugnen und missachten.

Viele würden behaupten, dass Kompromisse in diesen Bereichen ungefährlich und harmlos sind. Sie wundern sich, warum wegen ein paar theologischen Fragen so viel Aufhebens gemacht wird. Für sie sind *Lehre* oder *lehrmässig* abwertende Ausdrücke. Sie halten lehrmässige, theologische Wahrheiten für unbedeutend, unpraktisch, entzweiend, lieblos und sogar für nicht bestimmbar. Das Problem ist, dass sie diese Wahrheiten nicht lieben oder die schrecklichen, ewigen Konsequenzen nicht ernst nehmen, die damit verbunden sind. Jesus sprach oft vom ewigen Verderben derer, die Ihn und Seine Lehre ablehnen (s. Mt 7,13-14; Joh 3,36; 8,24).

Mir gefällt die Geschichte über die New Yorker Familie, die im Westen eine Ranch kaufte, um Vieh zu züchten. Freunde kamen zu Besuch und erkundigten sich nach dem Namen der Ranch. «Nun», sagte der Möchtegernrinderzüchter, «ich wollte sie Bar-J nennen. Meine Frau bevorzugte Suzy-Q, einer unserer Söhne mochte Flying-W und der andere Lazy-Y. Also haben wir sie Bar-J-Suzy-Q-Flying-W-Lazy-Y Ranch getauft.»

«Aber wo ist euer ganzes Vieh?», fragten die Freunde.

Antwort: «Keines hat die Brandzeichnung überlebt.» Vertun Sie sich nicht: Kompromisse können tödlich sein!

## Treue Menschen

Wenn ich mit dem Abfall vom Glauben konfrontiert werde, tröstet es mich, wenn ich das Leben grosser Heiliger aus der Vergangenheit zurückverfolgte, die zu ihrer Zeit vor einem ähnlichen Problem standen und sich trotz starkem Widerstand weigerten, Kompromisse zu schliessen. Eine dieser treuen Personen war Athanasius von Alexandria. Das Leben von Athanasius ist eine epische Geschichte. Er diente 45 Jahre als Bischof von Alexandria und kannte fünf Päpste und fünf Kaiser. Er überlebte fünf Verbannungen – beinahe zwanzig Jahre – und die Verfolgung unter Kaiser Diokletian.

Athanasius ist besonders bekannt für seinen anhaltenden Kampf gegen die Irrlehre des Arianismus. Arius, ein Gemeindeleiter aus Alexandria, Ägypten, glaubte, dass Jesus nicht ebenso ewiger Gott war wie Gott der Vater. Er behauptete, dass Jesus ein erschaffenes Wesen war. Er lehrte, der Sohn Christus sei lediglich ein Geschöpf gewesen – das grösste aller Geschöpfe. Athanasius tat die Frage nicht als unwichtig oder unbedeutend ab. Ihm war klar, dass der ganze christliche Glaube auf dem Spiel stand. Die Kontroverse mit Arius dauerte mehrere Jahre an. An einem Punkt, als es so aussah, als würde sich das ganze römische Reich von der Orthodoxie zum Arianismus hinbewegen, sagte ein besorgter und aufgebrachter Kollege von Athanasius: «Die ganze Welt ist gegen dich!» Unbeeindruckt erwiderte Athanasius: «Dann heisst es Athanasius gegen die Welt.»

Ein anderer früher Gigant des Glaubens war Tertullian, ein Rechtsanwalt aus Karthago (in Nordafrika), der der Gemeinde im dritten Jahrhundert diente. Er schrieb das Buch *Über den Götzendienst*. Das Buch befasst sich mit Christen, die ihren Lebensunterhalt mit der Herstellung von Götzen verdienten. Als den Christen zu seiner Zeit gesagt wurde, dass sie sich nicht daran beteiligen sollten, Götzen herzustellen, weil sie Christen waren, erwiderten sie: «Wir müssen leben. Es gibt keine andere Möglichkeit, wie wir überleben können.»

Tertullian sagte darauf: «Müsst ihr wirklich leben?»

Was für eine prüfende Frage! Sie trifft den Kern der Kompromissbereitschaft. Wir haben immer Ausreden für unsere Kompromisse. Die letztendliche Rechtfertigung ist: «Ich muss leben.» Die Wahrheit ist aber, Sie und ich müssen es nicht unbedingt. Wir *meinen*, wir müssten leben. Heute glauben viele, dass sie leben und sogar angenehm leben müssen, ohne mit der Gesellschaft in Konflikt zu kommen. In Wahrheit müssen Sie und ich *nicht zwangsläufig* leben. Das höchste Ziel unseres Lebens ist die Treue gegenüber Christus. Unsere Treue gilt letzten Endes nicht unserem physischen Leben, sondern Christus. Wir müssen nicht leben, sondern Ihm treu sein. Darum geht es im Leben.

Während Leiter, Gemeinden und Denominationen von der Wahrheit abweichen und zunehmend abfallen, müssen wir wie Daniel, Athanasius und Tertullian für die Wahrheit des Wortes Gottes einstehen. Ganz gleich, wie stark und anhaltend der Widerstand auch sein mag, wir müssen freudig und freundlich für die Wahrheit eintreten, sie anderen in Liebe weitergeben und sie in der Kraft des Heiligen Geistes täglich ausleben.

## Fussnoten

[1] Paul W. Powell, *Thee Old Time Religion* (Waco, TX: Paul W. Powell, 2001), S. 9.
[2] Francis A. Schaeffer, *The Great Evangelical Disaster* (Wheaton, IL: Crossway, 1984), S. 64.
[3] «Americans: My Faith Isn't the Only Way to Heaven», Associated Press, 24. Juni 2008, http://www.foxnews.com/story/2008/06/24/americans-my-faith-isnt-only-way-to-heaven.html.
[4] A. W. Tozer, *Man: The Dwelling Place of God*, Neuauflage (Camp Hill, PA: WingSpread, 2008), S. 188.
[5] John Shore, «The Inevitability of the Rise of Progressive Christianity», *Patheos*, 19. September 2011, http://www.patheos.com/blogs/johnshore/2011/09/the-inevitability-of-the-rise-of-liberal-christianity.
[6] Tim LaHaye und Jerry B. Jenkins, *Are We Living in the End Times?* (Carol Stream, IL: Tyndale, 1999), S. 71.
[7] Rachel Held Evans, *A Year of Biblical Womanhood* (Nashville: Thomas Nelson, 2012), S. 54.
[8] J. Carl Laney, *John* (Chicago: Moody, 1992), S. 156-157.
[9] Trillia Newbell, «Biblical Womanhood and the Problem of the Old Testament», *Desiring God*, 15. Oktober 2012, http://www.desiringgod.org/articles/biblical-womanhood-and-the-problem-of-the-old-testament.
[10] Glennon Doyle Melton, «Are You Waiting for Heaven or Working for It?» *Momastery* (Blog), 29. März 2016, http://momastery.com/blog/2016/03/29/waiting-or-working.

KAPITEL 5

# WENN TOLERANZ UNTOLERIERBAR IST

*Aber ich habe wider dich, dass du*
*das Weib Isebel gewähren lässest*[1].
Offenbarung 2,20

American Airlines Flug 11 legte von Gate 26 ab und brach zu seinem vermeintlichen Routineflug von Boston nach Los Angeles auf. Kapitän John Ogonowski und seine Boing 767-200ER rollten die Startbahn hinunter mit neun Flugbegleitern und 81 Passagieren an Bord. Um 7:59 morgens hob sie ab. Niemand hätte daran gedacht, dass sie 47 Minuten später alle tot sein würden. Als das Linienflugzeug mit 700 Stundenkilometern in den Nordturm des World Trade Center raste, explodierten 9717 Gallonen Treibstoff und katapultierten jeden an Bord in die Ewigkeit.

Die ganze Welt veränderte sich in einem einzigen Augenblick.

Die Ereignisse dieses verheerenden Septembertages wurden nur von einer Handvoll Männer ausgelöst. Angetrieben von einer dschihadistischen Ideologie, hatten sie sich der Vernichtung menschlichen Leben verschrieben. Und so stürmten sie in das Cockpit und übernahmen die Kontrolle über Flug 11, während sie gleichzeitig Passagiere und Besatzung angriffen und töteten.

Der Anführer dieses unheiligen Kriegs aus dem Himmel war der ägyptische Terrorist Mohamed Atta. Begleitet wurde er von vier anderen Terroristen (alle aus Saudi-Arabien). Insgesamt starben 1466 weitere Personen im Nordturm und 624 im Südturm. Amerikanische Passagierflugzeuge wurden von wahnsinnigen Muslimen in explosive Raketen verwandelt. Es war die schlimmste Flugzeugentführung in der Geschichte. Und obwohl alles plötzlich und unerwartet geschah, war es doch jahrelang vorbereitet worden.

In diesen letzten Tagen werden nicht nur Flugzeuge entführt. Die Bibel sagt: «Überaus trügerisch ist das Herz und bösartig; wer kann es ergründen?» (Jer 17,9).

Da die Menschheit von Natur aus verdorben ist, planen und beteiligen wir uns an anderen Formen der Entführung: Wir entführen die Wahrheit, moralische Werte und sogar den gesunden Menschenverstand. Durch hinterhältige Täuschung nimmt unsere sündige Natur zusammen mit dem Zeitgeist die guten Dinge Gottes in Geiselhaft und versucht, sie neu zu definieren und in manchen Fällen sogar komplett von der Festplatte der menschlichen Erfahrung zu löschen.

Diese Entführung moralischer Werte und Massstäbe sehen wir heute in Bezug auf das Konzept von *Liebe*. Beim Versuch, homosexuelle Aktivitäten und die gleichgeschlechtliche Ehe zu rechtfertigen, haben Homosexuelle den Slogan «Liebe ist Liebe» geprägt. Das zugrunde liegende Argument ist, dass es gewiss Liebe sein *muss*, wenn ein Mensch eine romantische Zuneigung oder Anziehung gegenüber irgendeiner anderen Person verspürt (ungeachtet ihres Geschlechts oder Alters). Folglich: «Liebe ist Liebe». Zugegeben, wenn man neu definiert, was *Liebe* ist und woher sie stammt, ist praktisch jede Definition oder Ausdrucksform dieser Liebe augenblicklich gerechtfertigt. *Moralisch* richtig. Sogar ein «Menschenrecht». So gesehen, ist Liebe an sich nicht länger ein endgültiger Massstab, an den sich alle Menschen halten sollten, sondern vielmehr eine sich ständig entwickelnde Laune, die den persönlichen Vorlieben eines Menschen entstammt. Eheliche und sexuelle Liebe werden somit zum Ausdruck von Zuneigungen und Emotionen, die man für jeden haben kann – andere Männer oder Frauen, sogar für mehrere Personen unterschiedlichen Geschlechts oder ganz ohne «Geschlecht». Jede Person (d. h., jedes trügerische und bösartige Herz) entscheidet, was Liebe ist, nicht ein altes Buch oder eine angebliche Gottheit.

Wenn es tatsächlich keinen Gott oder eine massgebliche Schrift gibt, existiert logischerweise auch kein absoluter Massstab für Moral – oder in diesem Fall für Realität. Was für Sie «gut» und «richtig» ist, ist ebenso gültig wie die Entscheidung jeder anderen Person. Wenn es keinen Gott gibt, der erschafft, offenbart, leitet, richtet oder belohnt, dann sind die Lebensentscheidungen eines jeden gleichermassen berechtigt ... und bedeutungslos.

Aus demselben Grund kann man ohne einen Gott auch ebenso wenig verlässlich oder überzeugend wissen, ob das, was man für eine Person fühlt, wirklich einer geistigen Verbundenheit entspringt, einem emotionalen Gefühl oder einem sozialen Zwang. Es gibt keine Möglichkeit, zu bestimmen, ob «Liebe» bloss ein körperliches, von chemischen Stoffen verursachtes Verlangen ist. Wenn wir nur «Moleküle in Bewegung» sind, können wir *nichts* mit Sicherheit wissen. Wie C. S. Lewis weise bemerkte:

> Angenommen, es gebe keine Intelligenz, die hinter dem Universum steckt, keinen kreativen Geist. In diesem Fall hat niemand mein Gehirn mit dem Ziel entworfen, dass ich damit denken kann. Die Atome innerhalb meines Schädels ordnen sich aus physikalischen oder chemischen Gründen auf eine bestimmte Weise an und geben mir als Nebenprodukt das Gefühl, das ich Gedanke nenne. Aber wenn das so ist, wie kann ich dann darauf vertrauen, dass ich richtig denke? Es ist so, als würde man einen Krug Milch umstossen und hoffen, er würde beim Ausgiessen die Karte von London bilden. Wenn ich aber meinem eigenen Denken nicht vertrauen kann, dann kann ich natürlich auch nicht den Argumenten vertrauen, die zum Atheismus führen, und habe daher keinen Grund, ein Atheist zu sein oder irgendetwas anderes. Solange ich nicht an Gott glaube, kann ich nicht ans Denken glauben: deshalb kann ich das Denken auch nicht gebrauchen, um an Gott zu zweifeln.[2]

Ohne Gott kann es so etwas wie «echte Liebe» nicht geben. Ausserdem sagt die Schrift Folgendes über Liebe:

- «Daran haben wir die Liebe erkannt, dass er sein Leben für uns hingegeben hat» (1Jo 3,16).
- «Denn so sehr hat Gott die Welt geliebt, dass er seinen eingeborenen Sohn gab, damit jeder, der an ihn glaubt, nicht verloren geht, sondern ewiges Leben hat» (Joh 3,16).
- «Gott aber beweist seine Liebe zu uns dadurch, dass Christus für uns gestorben ist, als wir noch Sünder waren» (Röm 5,8).

Des Weiteren behauptet die Bibel unmissverständlich, dass die Liebe *von Gott kommt*. Das bedeutet, Liebe ist nicht Liebe; *Gott* ist Liebe (s. 1Jo 4,7-8). Somit können wir Liebe in einer bedeutsamen Beziehung nur erfahren, wenn wir zuerst Seine Liebe zu uns erleben (s. 1Jo 4,19). Und das ist nirgends besser erfahrbar als in einer ehelichen Beziehung. Wenn Mann und Frau in der Ehe Gottes Liebe erleben, sind sie zu tieferer gegenseitiger Liebe fähig (s. Eph 5,25.28-29).

Natürlich können auch Nichtchristen manche Aspekte der Liebe erfahren. Sie können selbstlos handeln und anderen damit dienen. Sie können das emotionale Glück und die Befriedigung erleben, ihr Leben mit einem anderen Menschen zu teilen. Sie schätzen es, wie diese Person die Leere der Einsamkeit füllt. Sie können die Gesellschaft einer anderen Person geniessen. Allerdings werden sie nie alles erleben, was Liebe ist und anzubieten hat, solange sie sie nicht vom Gott der Liebe empfangen.

Ein Mensch kann nicht geben, was er nicht besitzt. Gottes bedingungslose Liebe und Erlösung macht Gläubige zu emotionaler Erfüllung, selbstlosem Dienst, Ausdauer und Vergebung fähig, die über das Mass eines durchschnittlichen Menschen hinausgehen. Leider wachsen viele bekennende Christen nicht «in der Gnade und in der Erkenntnis unseres Herrn und Retters Jesus Christus» (2Petr 3,18), weil sie sich nicht ausreichend Seiner Liebe aussetzen.

Was wir aber heute sehen, ist mehr als nur, dass Menschen an der Liebe Gottes vorübergehen. Vielmehr gibt es eine bewusste Bewegung, die die biblische Definition von Liebe und Ehe ablehnt und sie durch eine ersetzt, die besser zu den schwindenden moralischen Massstäben der Gesellschaft passt.

Nachdem der Oberste Gerichtshof der USA 2014 zugunsten der gleichgeschlechtlichen Ehe entschied, schwenkte Starbucks eine 13 Meter breite und 6 Meter hohe «Regenbogenfahne» über seinem Hauptsitz in Seattle. Anthony Hesseltine, ein Senior Operations Buyer bei Starbucks, bemerkte damals: «Die ganze Botschaft handelt von Vielfalt und die Unterschiede von Menschen zu akzeptieren. Wenn man an einen Regenbogen denkt, so dominiert nicht eine einzelne Farbe. Es ist die Harmonie von unterschiedlichen Farben, von der jede etwas zum Ganzen beiträgt.»[3]

Unsere Gesellschaft fällt vor dem Altar der Toleranz nieder und betet den Schrein der geistigen Aufgeschlossenheit an. Werte, die historisch mit dem christlichen Glauben verbunden waren, werden von einer Gesellschaft, die eine romantische Beziehung zur Dunkelheit unterhält, systematisch ersetzt und wie durchgebrannte Glühbirnen behandelt (s. Joh 1,9; 3,19-20; 8,12). Denken Sie nur daran, wie unsere Welt die folgenden christlichen Konzepte neu definiert:

- Akzeptanz (Röm 15,7)
- Einheit und Vielfalt (Gal 3,27-29; 1Kor 12,12-13)
- Erbarmen (Kol 3,12-13)
- Gerechtigkeit (Spr 28,5; 29,7; Mi 6,8; Röm 12,19)
- Geistlichkeit (Mt 5,21-28; Gal 5,16; Eph 5,18)
- Voreingenommenheit (Apg 10,28; Röm 10,12-13; Kol 3,11; Jak 2,9)
- Hass (Spr 6,16-19; Röm 12,9)
- Vergebung (Eph 4,32; Kol 3,13; 1Thes 5,15)
- Vertrauen (Joh 4,24; 8,32; 14,6; 17,17)
- Märtyrertum (Mt 10,28; Lk 11,50-51; Hebr 11,37-40; Offb 2,10; 6,11)

Vergleicht man die gesellschaftliche Definition jedes dieser Konzepte mit der Definition der Schrift, erkennt man, wie sie verdreht und zu Waffen gegen die Nachfolger Jesu umfunktioniert wurden. Der Spiess wurde umgedreht, das Preisschild verändert. Und es ist ein modernes Beispiel für die Worte des Propheten Jesaja:

> Wehe denen, die Böses gut und Gutes böse nennen, die Finsternis zu Licht und Licht zu Finsternis erklären, die Bitteres süss und Süsses bitter nennen! (Jes 5,20).

Jesajas Worte hallen bei Paulus wider, als er denen schrieb, die den Schöpfer und Sein Recht, in ihrem Leben zu herrschen, bewusst ablehnten und «die Wahrheit Gottes mit der Lüge vertauschten». Als Folge dieser geistlichen Rebellion «hat Gott sie dahingegeben» zum Gericht (Röm 1,24-28). Und die Menschheit rutscht immer tiefer in die Tiefen der Verdorbenheit hinein, bis zu dem Punkt, an dem sie

> ... voll sind von aller Ungerechtigkeit, Unzucht, Schlechtigkeit, Habsucht, Bosheit; voll Neid, Mordlust, Streit, Betrug und Tücke, solche, die Gerüchte verbreiten, Verleumder, Gottesverächter, Freche, Übermütige, Prahler, erfinderisch im Bösen, den Eltern ungehorsam; unverständig, treulos, lieblos, unversöhnlich, unbarmherzig. Obwohl sie das gerechte Urteil Gottes erkennen, dass die des Todes würdig sind, welche so etwas verüben, tun sie diese Dinge nicht nur selbst, sondern haben auch Gefallen an denen, die sie verüben (Röm 1,29-32).

## Die Wahrheit sagen

Aus der Schrift lässt sich ablesen, dass viele der heute verbreiteten Werte und «Wahrheiten» nichts anderes als Lügen sind, Imitationen der echten Sache. *Hass* wurde umdefiniert zu «deine biblischen Werte kollidieren mit meinen; deshalb bist du ein *Hasser*». Auf das, was die Welt heute «Hass» nennt, wird mit *tatsächlichem* Hass reagiert. Aber das ist nichts Neues. Dasselbe passierte zur Zeit Jesu. Unser Herr zeigte mehr Liebe gegenüber Sündern, als Menschen jemals konnten. Und von derselben (echten) Liebe motiviert, sagte Er den unbussfertigen Sündern dennoch die Wahrheit über ihre Sünde. Und dafür hassten sie Ihn zutiefst (s. Joh 15,18-25). Das war auch ein Grund dafür, dass er getötet wurde.

Einige Christen benutzen das beliebte «Jesus gab sich mit Sündern ab»-Argument, um Freundschaften zu rechtfertigen oder Sünde im Leib Christi zu dulden. Und obwohl Gläubige stets versuchen sollten, Brücken und Freundschaften zu den Verlorenen aufzubauen, lassen wir oft unberücksichtigt, dass viele dieser Sünder, mit denen Christus Zeit verbrachte, sich bewusst waren, dass ihr sündiger Zustand und ihre verurteilenswerte Lebensführung ein Problem darstellten. Ja, Jesus akzeptierte sie in Seiner Gegenwart, aber nicht in Seinem *Reich*, solange sie nicht anerkannten, dass sie Ihn und Seine Sündenvergebung brauchten. Ihnen hat Er verheissen, dass Er sie «nicht hinausstossen» würde (Joh 6,37; s. Mk 2,13-17; Lk 7,36-50; 19,1-10).

In diesen letzten Tagen wurden biblische Werte und Tugenden von einer nachchristlichen Zivilisation entführt, die auf der Täuschung des Teufels beruht und Herz und Verstand verfinstert. Nichts scheint mehr heilig zu sein in einer Welt, die auf die Offenbarung zusteuert. Moralvorstellungen, Werte, Tugenden, Sexualität – alles ist zu haben, recycelt und wieder verkauft an jene, deren Gewissen nicht von der Schrift gereinigt wurde. Sogar der Regenbogen am Himmel wurde als Geisel genommen und neu definiert; heute symbolisiert er die verschiedenen geschlechtlichen Beziehungen, die in unserer Zeit unterstützt und gefeiert werden.

Aber trotzdem hat Gott den Regenbogen geschaffen, und er hat absolut nichts mit Sexualität zu tun. Eine symbolische Bedeutung besitzt er aber dennoch: Er ist ein Zeichen der Verheissung Gottes an Noah und nachfolgende Generationen, dass Er die Menschheit nie wieder durch Wasser vernichten würde (s.

1Mo 9,9-17). Diese Verheissung gab Er, nachdem Er ein verheerendes weltweites Gericht über die Menschheit gebracht hatte wegen ihrer Gottlosigkeit, Gewalttätigkeit und moralischen Verdorbenheit, die heute unseren Planeten erfüllt (s. 1Mo 6,1-13; Röm 1; 3,1-12.23)![4]

## Die «unvergebbare Sünde»

Die möglicherweise grösste Entführung von allen ist jedoch, was unsere Gesellschaft mit der «Toleranz» gemacht hat. So wie manche Leute reden, könnte man meinen, dass Toleranz die allerwichtigste Tugend ist. Im Geist der Toleranz haben einige Colleges und Universitäten heute «sichere Zonen» auf ihrem Campus eingerichtet, um Studenten vor abweichenden Meinungen zu «schützen». Für Transgender, Lesben oder sogenannte «Otherkins» (Personen, die sich teilweise oder vollständig als nichtmenschlich ansehen – wie z. B. als Drache oder Fuchs) stellt die Schule einen Raum bereit, wo man geschützt ist vor Scham, Spott, Unterdrückung oder Verfolgung.[5] Ja, *Verfolgung*. Die Menschheit hat die Aussagen in Römer 1 ins Bizarre gewendet. Was heute als Toleranz vermarktet und verkauft wird, hat keine Ähnlichkeiten mehr mit der entsprechenden christlichen Tugend.

In der modernen Gesellschaft bedeutet Toleranz, offen für abweichende Meinungen zu sein und alle völlig zu akzeptieren, die nicht sind wie man selbst. Klingt gut, oder? Sogar irgendwie *christlich*. Ich meine, wer möchte nicht als offen und akzeptierend gelten?

Treue Nachfolger Christi sind dies bereits. Christliche Toleranz bedeutet, dass wir Geduld mit nichtchristlichen Kollegen, Klassenkameraden, Freunden und Familien haben. Es bedeutet, dass wir zuhören und uns kümmern. Wir sind tolerant, weil wir die Menschen lieben und wissen, dass Gott sie verändern kann. Wir beten für sie und sind geduldig mit ihnen, weil wir uns noch daran erinnern können, wie Gott und andere uns dieselbe Toleranz entgegengebracht haben (s. Eph 4,32; Phil 4,5). Das heisst, sie können zu Gott kommen, wie sie sind. Schliesslich sind auch *wir* zu Ihm gekommen.

Aber neben Mitgefühl, Verständnis und Einfühlungsvermögen müssen wir auch Sünde beim Namen nennen. Als Gläubige haben wir die zweifache Rolle als Priester und Propheten, die sowohl mitfühlend als auch konfrontierend sind. Und obgleich es herausfordernd sein kann, diese Rollen im Gleichgewicht zu halten, können diese beiden Verantwortlichkeiten nebeneinander existieren. Wir können tolerant sein und gleichzeitig fest zum Wort Gottes stehen. Das eine mag «liebevoller» klingen als das andere. Aber ist das wirklich so?

Als mein (Jeff) Sohn Stuart zwei Jahre alt war, fiel sein älterer Bruder versehentlich auf ihn drauf und brach ihm das Schlüsselbein. Die Begebenheit brach mir das Herz, da wir alle spielten, als es passierte. Psalm 103,13 sagt: «Wie sich ein Vater über Kinder erbarmt, so erbarmt sich der HERR über die, welche ihn fürchten.» Das empfand ich, während ich Stuart zum Krankenhaus fuhr. Und während seiner Genesung hatte niemand mehr Mitgefühl mit Stuart als ich. Jedes Mal, wenn ich ihn vor Schmerzen zusammenzucken sah, tat es mir im Herzen weh. Ich wünschte mir so sehr, ich könnte ihn von seinen Schmerzen und Unannehmlichkeiten befreien. Aber mein Mitgefühl konnte nicht die Tatsache aufheben, dass er nach wie vor vom Arzt untersucht und geröntgt werden musste, sein Arm in einer unbequemen Schlinge lag und er wiederholt gesagt bekam, er würde ihn noch wochenlang nicht bewegen können. Die kalte, harte Wahrheit war, dass eine schwere Zeit vor ihm lag. Und als sein Vater kuschelte ich nicht nur mit ihm und half ihm beim Anziehen, sondern musste ihm auch die Bitte verwehren, nach draussen zum Spielen zu gehen.

Somit sind Wahrheit und Mitgefühl keine Feinde. Sie sind Partner. Und das eine ohne das andere führt häufig zu einer falschen Darstellung von beidem. Wenn es um den Umgang mit der Aussenwelt geht, neigen wir Christen dazu, zwischen beiden Seiten hin- und herzupendeln. Bei dem Versuch, die Verlorenen zu erreichen, können wir so weit gehen, dass wir Kompromisse mit der Wahrheit schliessen. Wenn wir andererseits «für unseren Glauben einstehen», können wir denselben Fehler begehen wie die Pharisäer und vernachlässigen «das Wichtigere im Gesetz, nämlich das Recht und das Erbarmen und den Glauben!» (Mt 23,23; s. auch Mt 9,13). Aber keines von Gottes Merkmalen – von Seiner erstaunlichen Gnade bis hin zu Seinem furchtbaren Zorn – schliesst sich gegenseitig aus. Sie kommen nie miteinander in Konflikt oder widersprechen sich. Nur unser begrenztes Verständnis von diesen Merkmalen sorgt für Verwirrung. In Gottes Haushaltung befinden sie sich alle in perfekter Harmonie und göttlichem Gleichgewicht.

In der Praxis neigen die Welt und die Gemeinde dazu, dieses Gleichgewicht durch eine Überbetonung des einen und dem Ausschliessen des anderen zu stören. Was wir brauchen, ist das richtige Verständnis von biblischen Werten und Tugenden sowie die Fähigkeit, sie auf reale Menschen und Umstände anzuwenden.

Ja, die Wahrheit benötigt eine unerschütterliche Intoleranz. Eltern müssen gegenüber gewissen Verhaltensweisen und Einstellungen ihrer Kinder intolerant sein. Pastoren dürfen falsche Lehren und Personen nicht dulden, die das Wohlergehen ihrer Schafe gefährden könnten. Ehemänner dürfen Dingen, die ihren Frauen und ihrer Ehe schaden können, keine Toleranz entgegenbringen. Regierungen sollten intolerant sein gegenüber Übeltätern und sie gerecht bestrafen. Und als Christen müssen wir intolerant sein gegenüber jeder Art von Gedanken, Philosophie oder Werten, die sich gegen die Erkenntnis Gottes erheben (s. 2Kor 10,5). In all diesen Fällen ist Intoleranz nicht gleichzusetzen mit Hass oder Bigotterie, sondern mit aufrichtiger Liebe, Sorge, Fairness und Gerechtigkeit.

Paulus duldete keine offene Sünde in der Gemeinde und trat für eine schnelle und gründliche Verurteilung der Personen ein, die sie begingen (s. 1Kor 5,1-7). Doch nur drei Verse später erinnert er die Korinther daran, ihren Umgang mit unmoralischen, habsüchtigen und betrügerischen Ungläubigen und sogar Götzendienern fortzusetzen. In dieser Hinsicht sollten wir es der Welt nie erlauben, mehr Liebe zu zeigen als wir. Gleichzeitig drängte Paulus die Korinther, ihre Gemeinschaft mit sogenannten «Gläubigen» einzuschränken, die solche Sünden praktizieren. Das ist ein Beispiel dafür, wie Wahrheit und Liebe in Harmonie miteinander existieren können. Leider haben viele in der christlichen Gemeinschaft diese neu definierte Toleranz übernommen und lesen und interpretieren sogar die Bibel in ihrem Sinne. Und möglicherweise ist dies nirgends offensichtlicher als bei der Sünde der Homosexualität. Obwohl Mark dieses Thema in Kapitel 7 ausführlicher behandelt, wollen wir doch festhalten, dass einflussreiche Blogger und Autoren wie Matthew Vines nicht nur öffentlich für die Akzeptanz von Homosexualität eingetreten sind, sondern auch geäussert haben, sie komme von Gott selbst! Dahinter steckt der Gedanke, dass Christen homosexuelle Praktiken akzeptieren und sogar gutheissen sollten, da alle Homosexuellen «so geboren wurden».

Es entbehrt nicht einer gewissen Ironie, dass unsere Welt (und einige Personen, die behaupten, sie würden Jesus kennen) alles für tolerierbar hält *ausser* dem christlichen Weltbild. Woher kommt dieses unkritische Denken über Toleranz? Und noch wichtiger, wohin führt es uns? Wie kann sich ein Gläubiger einen Reim auf eine Kultur machen, die uneingeschränkte

Toleranz mit Liebe gleichsetzt, sie sogar *Gottes* Liebe nennt? An diesem Punkt verdrehen entführte geistliche Werte biblische Wahrheiten in ganz besonderem Masse. Leichtsinnig werden Dinge wie freie Liebe und Moralvorstellungen ohne Weisheit akzeptiert. Das sind die offenen Tore, durch die sich der Abfall vom Glauben Eintritt verschafft. Und wir können und sollten uns nicht darauf verlassen, dass menschliche Regierungen Gott anerkennen und Seine Massstäbe unterstützen.

Christliche Toleranz bedeutet, dass wir in unserem Herzen Platz für Menschen haben, die anders sind als wir. Es bedeutet auch, Menschen anzunehmen, die schwach im Glauben sind oder in ihrer Beziehung zu Gott noch reifer werden müssen (s. Röm 14). So wie bei anderen Tugenden muss dies durch Weisheit ausgeglichen werden. Es gibt Grenzen, wie viel und wie lange wir Toleranz zeigen können. Den bellenden Hund unseres Nachbarn können wir vielleicht ein paar Stunden dulden, aber nicht einen ganzen Abend lang. Wir können den abweichenden Standpunkt eines Kollegen tolerieren, aber nicht, wenn er anfängt, schädlich für die Produktivität oder die Stimmung in der Firma zu werden. Wir können die negative Meinung eines Verwandten über uns dulden, nicht aber, wenn er andere mit seinen Lügen und grundlosen Gerüchten ansteckt. Und wir können Menschen tolerieren, die an die Sünde gekettet sind, nicht aber die Sünde an sich.

Wenn wir nicht vorsichtig sind, machen wir uns derselben Sünde schuldig wie die Gemeinde in Thyatira, eine der fünf Gemeinden in der Offenbarung, die von Jesus getadelt wurden. In dieser Glaubensgemeinschaft gab es reichlich Toleranz – und zwar von der *schlechten* Art.

Nachdem Jesus die Gemeinde in Ephesus gelobt hatte, weil sie «die Bösen *nicht* ertragen» konnte, verurteilte Er die Gemeinde in Thyatira *wegen* ihrer Toleranz (Offb 2,2; s. Offb 2,20). Die

Gläubigen in Thyatira lebten zufrieden mit einer Frau in ihrer Gemeinde (mit dem Spitznamen «Isebel»), die sich selbst als Prophetin bezeichnete. Ihre Lehre führte die Gemeinde weg von einem heiligen Leben und in die Unmoral und «die Tiefen des Satans» (Offb 2,24). Und das gefiel Christus nicht.

Daher wagen wir es nicht, eine solche Haltung gegenüber Gottes Gnade einzunehmen und sie für unsere eigenen egoistischen Zwecke zu missbrauchen (s. Röm 6,1-2.15; Gal 2,17-21; 5,13; 1Petr 2,16). Die Kehrseite sind gesetzliche Menschen, die die Gebote Gottes verdrehen, neu definieren und ihnen mehr Bedeutung geben als die Schrift und «Lehren vortragen, die Menschengebote sind» (Mt 15,9). Jesus warnte die Pharisäer zu Seiner Zeit: «Trefflich hat Jesaja von euch Heuchlern geweissagt, wie geschrieben steht: ‹Dieses Volk ehrt mich mit den Lippen, doch ihr Herz ist fern von mir›» (Mk 7,6). Und ein weiteres Mal: «Wehe euch, ihr Schriftgelehrten und Pharisäer, ihr Heuchler, dass ihr getünchten Gräbern gleicht, die äusserlich zwar schön scheinen, inwendig aber voller Totengebeine und aller Unreinheit sind! So erscheint auch ihr äusserlich vor den Menschen als gerecht, inwendig aber seid ihr voller Heuchelei und Gesetzlosigkeit» (Mt 23,27-28; s. auch Jes 29,13; Mt 6,1-2; 23,24; Lk 16,15; Gal 4,10-11; 5,2-4).

Gesetzliche Menschen entführen das christliche Konzept von Gehorsam und terrorisieren Gottes Volk damit. Das ist im Grunde eine Form von Weltlichkeit und Fleischlichkeit, da sie die sündige Natur in ihrem unablässigen Bestreben unterstützt, sich selbst zu rechtfertigen.

Aber Jesus sagte: «Liebt ihr mich, so haltet meine Gebote!» (Joh 14,15). Beachten Sie: Die Liebe zu Christus motiviert den Gehorsam Ihm gegenüber, nicht umgekehrt. Und unsere Liebe für Christus steht in proportionalem Verhältnis zu unserem Verständnis von Seiner Wahrheit und der Dankbarkeit und Zuneigung, die dieses Wissen hervorbringt. Daher müssen wir diesen lehrmässigen und geistlichen Irrtum um jeden Preis vermeiden, ansonsten gehen wir in dieselbe Falle wie die Menschen der Welt.

## Toleranz und das Ende der Geschichte

Welche Rolle spielt das Phänomen der Toleranz für den Abfall vom Glauben in den letzten Tagen? Wie wir gesehen haben, schwächt die heutige Toleranz nicht nur die Wahrheit oder Werte, sondern verleugnet sie absichtlich. Die Folgen dieser geistlichen Täuschung sind Teil der «Legenden», die den Menschen in der Endzeit in den Ohren kitzeln und vor denen Paulus Timotheus ernstlich warnte. Und der Teufel, der sowohl der Gott dieser Welt als auch der Fürst der Luft ist, heizt diese grosse Illusion an. Entsprechend seinem Wesen wird er seinem Ruf als Lügner und Vater der Lüge gerecht (s. 2Tim 4,3-5; 2Kor 4,4; Eph 2,2; 6,11; Joh 8,44).

Obwohl Gott Sünde nicht toleriert, können wir dankbar sein, dass Er Geduld hat mit Sündern. Diese Wahrheit veranlasste Habakuk zu den Worten:

> Deine Augen sind so rein, dass sie das Böse nicht ansehen können; du kannst dem Unheil nicht zuschauen. Warum siehst du denn den Frevlern schweigend zu, während der Gottlose den verschlingt, der gerechter ist als er? (Hab 1,13).

Wenn Sie die Welt um sich herum beobachten, kommen Sie zweifelsfrei zu derselben Ansicht. Obgleich Sie wissen, dass Gott Sünde nicht toleriert, scheint es, als würde Er doch eine Menge zulassen.[6] Das aber ist ein weiterer Grund, weshalb es so wichtig ist, die Schrift zu kennen. Die Bibel sagt auch, dass eine Zeit kommt, in der Gottes Geduld ein Ende haben wird. Petrus erinnert uns: «Der Herr zögert nicht die Verheissung hinaus, wie etliche es für ein Hinauszögern halten, sondern er ist langmütig gegen uns, weil er nicht will, dass jemand verlorengehe, sondern dass jedermann Raum zur Busse habe» (2Petr 3,9).

In Römer 2,4-5 spiegelt Paulus das wider und warnt die Ungläubigen, Gottes «Geduld» (Toleranz) nicht für selbstverständlich zu halten:

> Oder verachtest du den Reichtum seiner Güte, Geduld und Langmut, und erkennst nicht, dass dich Gottes Güte zur Busse leitet?
>
> Aber aufgrund deiner Verstocktheit und deines unbussfertigen Herzens häufst du dir selbst Zorn auf für den Tag des Zorns und der Offenbarung des gerechten Gerichtes Gottes.

Gottes Geduld und Toleranz sind wie Schwestern mit einer ähnlichen DNA. Aus Gnade hat Er das Gericht über zuvor geschehene Sünden zurückgehalten (s. Apg 14,15-17; Röm 3,24-25). Auch heute noch wird nicht jede Sünde sofort bestraft, was aber nicht bedeutet, dass Gott ewig warten wird. Seine gegenwärtige Geduld und Toleranz ist nicht *für* die Sünder, sondern *mit* ihnen. Solange ein Mensch noch atmet (dieser Atem an sich ist schon eine Gabe Gottes), hat er Zeit, Busse zu tun (s. Apg 17,24-25; 2Kor 6,1-2).

Aber Seine Toleranz und Geduld werden eines Tages Platz machen für Seinen globalen Zorn. Das beginnt in der 7-jährigen Drangsalszeit, in der der «Zorn des Lammes» und der Seines Vaters über die Erde und ihre Bewohner ausgegossen wird. Interessanterweise wissen selbst jene, die unter ihm leiden werden, von wem er kommt, wie Offenbarung 6,15-17 prophezeit:

> Und die Könige der Erde und die Grossen und die Reichen und die Heerführer und die Mächtigen und alle Knechte und alle

> Freien verbargen sich in den Klüften und in den Felsen der Berge, und sie sprachen zu den Bergen und zu den Felsen: Fallt auf uns und verbergt uns vor dem Angesicht dessen, der auf dem Thron sitzt, und vor dem Zorn des Lammes! Denn der grosse Tag seines Zorns ist gekommen, und wer kann bestehen?

Der Tag des Herrn wird ein Tag unerbittlicher Intoleranz sein. Wie viel besser ist es doch, Gottes Gnade in Anspruch zu nehmen, solange Er sie noch jedem frei anbietet!

Alles deutet darauf hin, dass diese und andere «Entführungen» bis und auch nach der Rückkehr Christi für Seine Gemeinde bei der Entrückung anhalten werden. Unmoralische Werte und unmoralisches Verhalten werden nicht nur weiterhin toleriert, sondern gefördert und zelebriert, während biblische Massstäbe und ihre Vertreter gleichzeitig verteufelt werden. Das wird zu wachsenden Spannungen für Gläubige führen, die andere für Christus gewinnen wollen. Sie werden zunehmend als engstirnig, bigott, unwissenschaftlich oder homophob angesehen. Dies wird wahrscheinlich zu einer noch grösseren Ausgrenzung der Gemeinde aus der Gesellschaft beitragen. Wie Nero die Gemeinde zum bequemen Sündenbock für den Brand Roms machte, wird unsere Welt Gläubige in den kommenden Jahren zunehmend diffamieren. Seien Sie nicht überrascht, wenn Christen mit Verachtung behandelt werden und man über sie denkt, dass sie «den Fortschritt behindern» oder «uns im Mittelalter festhalten». Wir werden langsam zu gesellschaftlichen Aussenseitern.

Falls es Sie tröstet, so war es auch im 1. Jahrhundert.

In gewisser Weise wird die Welt also toleranter, während sie gegenüber Christen und ihrem Christus gleichzeitig strenger und voreingenommener wird. Und das ist ein weiterer Grund, die nahe bevorstehende Rückkehr Jesu Christi gespannt zu erwarten – so wie es die frühen Gläubigen taten.

Da wir in den letzten Tagen leben, ist die Zeit nicht auf unserer Seite. Das ist einer der Gründe, weshalb Paulus die Christen in Ephesus drängte: «Kauft die Zeit aus, denn die Tage sind böse» (Eph 5,16). Diese Tatsache erfüllt unser Herz und unser Leben nicht mit Panik, sondern mit zielgerichteter Dringlichkeit. Sie hält uns auf dem Weg, fokussiert auf den Glauben, der treu an uns weitergegeben wurde (s. 2Tim 2,2). Was Menschen mit unterschiedlicher Herkunft, Rasse und Erfahrung in der Gemeinde vereint, ist nicht, dass wir einander gegenüber *tolerant*, sondern durch den gemeinsamen Glauben an Jesus Christus verbunden sind. Das ist der Kern unserer Gemeinschaft.[7] Die Apostel legten das Fundament der Gemeinde mit Jesus Christus als dem Eckstein. Wir sind «lebendige Steine». Und wir müssen auch weiterhin den Leib bauen, insbesondere da wir «den Tag herannahen» sehen (s. Eph 2,20; 1Petr 2,5; Hebr 10,23-25).

Dies ist somit *Ihre* Zeit in der Geschichte Gottes. Sie wünschen sich ein gutes Ende, keines voller Wimmern und Heulen. Werden Sie also ein Christ sein, der den betrügerischen Nebel unserer Zeit durchschaut? Werden Sie ein Revolutionär der letzten Tage sein, der das Banner Christi ergreift, ganz gleich, was es kostet? Werden Sie Seine Wahrheit verteidigen und sich weigern, Mittelmässigkeit in Ihrem Herzen zu dulden? Werden Sie den guten Kampf kämpfen und den Lauf vollenden?

Werden Sie den Glauben bewahren?

## Fussnoten

1 Bibelübersetzung: Schlachter 1951
2 C. S. Lewis, *The Case for Christianity* (Nashville: Broadman and Holman, 2000), S. 32.
3 «For the First Time, Starbucks Raises the Pride Flag atop Its Headquarters», *Starbucks Newsroom*, 23. Juni 2014, http://news.starbucks.com/news/for-the-first-time-starbucks-raises-the-pride-flag-atop-its-headquarters.
4 Ausführlichere Erklärungen über das Gericht der Flut, Noahs Generation und ihre Beziehung zur Endzeitprophetie finden sich in Jeff Kinley, *Wie in den Tagen Noahs – Warnungen vor dem kommenden globalen Sturm* (Dübendorf, Schweiz: Verlag Mitternachtsruf, 2017).
5 *The Safe Space Network*, htt://safespacenetwork.tumblr.com/Safespace.
6 Gott hat einen Plan und eine Absicht mit allem, sogar mit der Existenz des Bösen und böser Menschen (s. Röm 9,15-22; Spr 16,4; 5Mo 29,28). Es ist unmöglich, alle Seine Gründe zu kennen, weshalb Er das Böse existieren lässt, aber wir wissen, dass Er sündige Taten zum Guten für uns und zu Seiner Verherrlichung benutzen kann (s. 1Mo 50,20; Apg 2,23; 4,27-28; Röm 8,28).
7 Griechisch *koinonia* – eine Partnerschaft oder ein gemeinsames Teilen, eine gemeinsame Beteiligung.

KAPITEL 6

# DER FREIE FALL DER MORAL

1984 stürzte in Spanien ein Flugzeug der Avianca Airlines ab. Bei den Untersuchungen fand man ein beunruhigendes Gespräch auf der Blackbox im Cockpit. Ein paar Minuten, bevor das Flugzeug in einen Berg raste, war die Stimme des automatischen Warnsystems zu hören, die wiederholt in Englisch rief: «Hochziehen! Hochziehen!» Im Glauben, das Gerät wäre defekt, sagte der Pilot verärgert: «Halt den Mund, Gringo!» und schaltete das System ab. Wenige Minuten später knallte das Flugzeug gegen einen Berg und alle Personen an Bord kamen ums Leben.[1]

Ähnlich wie das Warnsystem des Flugzeugs wird die Bibel, Gottes Gebrauchsanweisung und Warnsystem, zitiert und befolgt, solange sie zu den eigenen Plänen passt, den Menschen sagt, was sie hören wollen, und mit ihren Entscheidungen und Lebenswegen übereinstimmt. Wenn die Bibel sie aber warnt: «Hochziehen!» – mit sündigen Verhaltensweisen oder Überzeugungen aufzuhören –, dann wollen sie nicht auf sie hören und bringen sie zum Schweigen. Tragischerweise ist die Folge eine geistliche Todesspirale – der freie Fall der Moral ohne Fallschirm. Das gilt für einzelne Personen, Familien, Gemeinden und ganze Staaten.

## Unsere Überzeugungen bestimmen unser Verhalten

Ich mag die Geschichte von den zwei Jägern, die auf ein riesiges Loch im Boden stiessen. Der eine Jäger sagte zum anderen: «Ich kann nicht mal den Grund des Lochs sehen! Was glaubst du, wie tief es ist?» Der andere erwiderte: «Weiss ich nicht. Lass uns etwas hinunterwerfen und zuhören, wie lange es bis zum Boden braucht.»

«Ich habe in der Nähe ein Autogetriebe gesehen», meinte der erste Jäger. «Lass uns das reinwerfen und sehen, was passiert.» Sie gingen also zu dem Getriebe, schleppten es zu dem Loch und warfen es hinein. Während sie lauschten, hörten sie es hinter sich rascheln. Dann sahen sie, wie eine Ziege durchs Gebüsch raste, sich dem Loch näherte und kopfüber hineinstürzte.

Das verwirrte sie, und während sie noch versuchten, sich einen Reim darauf zu machen, kam ein alter Bauer auf sie zu: «Sie haben nicht vielleicht zufällig meine Ziege gesehen, oder?», fragte er.

Der erste Jäger sagte: «Seltsam, dass Sie das fragen. Wir standen gerade hier, als vor einer Minute eine Ziege aus dem Gebüsch gerannt kam und kopfüber in das Loch sprang!»

Der Bauer erwiderte: «Das kann unmöglich meine Ziege gewesen sein. Ich hatte sie an ein Getriebe gebunden!»[2]

So wie die Ziege dem Getriebe folgte, folgt unser Verhalten unseren Überzeugungen. Was wir glauben, zieht unweigerlich unser Verhalten nach sich. A. W. Tozer sagt: «Es ist unmöglich, die Bedeutung der gesunden Lehre im Leben eines Christen überzubetonen. Richtig über alle geistlichen Dinge zu denken, ist zwingend erforderlich, wenn wir richtig leben wollen. So wie die Menschen weder Trauben von Dornen noch Feigen von Disteln sammeln, erwächst ein gesunder Charakter nicht aus ungesunder Lehre.»[3]

Die lehrmässige Abkehr von der Wahrheit findet schliesslich ihren Weg in das Leben der Menschen. Ein Mensch wird zu dem, was er glaubt. Wendet man sich von der Wahrheit des Evangeliums ab, führt das zwangsläufig zu moralischem Verfall, so wie auf den Tag die Nacht folgt. Andererseits zeigt sich in unserem Verhalten, was wir glauben. In der Bibel beinhaltet der Abfall vom Glauben sowohl eine falsche Glaubensüberzeugung (Lehre) als auch ein falsches Verhalten (Taten). Das Glaubensbekenntnis einer Person bestimmt sein Verhalten und letzten Endes seinen Charakter.[4]

## Der Abfall der letzten Tage

Die neutestamentliche Schlüsselstelle über den moralischen Verfall in der sichtbaren Gemeinde der letzten Tage ist 2. Timotheus 3,1-13. Am Anfang dieser Stelle werden neunzehn schreckliche Merkmale des Abfalls der letzten Tage betont:

> Das aber sollst du wissen, dass in den letzten Tagen schlimme Zeiten eintreten werden. Denn die Menschen werden sich selbst lieben, geldgierig sein, prahlerisch, überheblich, Lästerer, den Eltern ungehorsam, undankbar, unheilig, lieblos, unversöhnlich, verleumderisch, unbeherrscht, gewalttätig, dem Guten feind, Verräter, leichtsinnig, aufgeblasen; sie lieben das Vergnügen mehr als Gott; dabei haben sie den äusseren Schein von Gottesfurcht, deren Kraft aber verleugnen sie. Von solchen wende dich ab! (2Tim 3,1-5).

Die andere Wortwahl der Bibelübertragung *Hoffnung für alle* beschreibt hilfreich und anschaulich die Merkmale des Abfalls der letzten Tage in 2. Timotheus 3,1-13:

> Das eine sollst du noch wissen: In den letzten Tagen dieser Welt werden schreckliche Zeiten kommen. Dann werden die Menschen nur sich selbst und ihr Geld lieben. Wichtigtuerei

und masslose Selbstüberschätzung werden sie ebenso kennzeichnen wie Verleumdung, Ungehorsam ihren Eltern gegenüber, Undankbarkeit und Ehrfurchtslosigkeit. Lieblos und unversöhnlich werden sie sein, ihre Mitmenschen verleumden und hemmungslos leben, brutal und rücksichtslos. Sie hassen alles Gute und kennen keine Treue, diese unverschämten und aufgeblasenen Sprücheklopfer, die nur ihr Vergnügen und ihre Bequemlichkeit im Kopf haben und von Gott nichts wissen wollen. Nach aussen tun sie zwar, als seien sie fromm, aber von der Kraft des wirklichen Glaubens wissen sie nichts. Hüte dich vor solchen Menschen!

Einige gehen sogar von Haus zu Haus und versuchen dort – listig und verschlagen – vor allem leichtgläubige Frauen auf ihre Seite zu ziehen. Diese Frauen sind mit Sünden beladen und werden nur von ihren Leidenschaften getrieben, wollen jederzeit etwas Neues hören, sind aber nie willig, die Wahrheit zu erkennen. So wie sich die ägyptischen Zauberer Jannes und Jambres gegen Mose auflehnten, so widersetzen sich diese falschen Lehrer der Wahrheit. Es sind durch und durch verdorbene Menschen, deren Glaube keiner Prüfung standhält. Auf die Dauer werden sie aber ihr Unwesen nicht treiben können. Mit der Zeit wird jeder erkennen, wie töricht und unsinnig alles ist, was sie sagen und tun. Genauso ist es den beiden ägyptischen Zauberern ergangen. ...

Die Verführer aber und die Betrüger werden es immer schlimmer treiben und sich immer stärker in die Sünde verstricken. Sie betrügen andere und merken nicht, dass sie selbst die Betrogenen sind.

Zum Verständnis dieser Stelle sind fünf wichtige Schlüssel nötig. Erstens, Paulus sagt Timotheus und uns: «Das aber sollst du wissen.» Mit anderen Worten, dieser Botschaft über den Abfall vom Glauben in den letzten Tagen müssen wir unsere ganze Aufmerksamkeit schenken. Als Paulus den zweiten Timotheusbrief schrieb, schmachtete er in einem römischen Verlies. Sein irdisches Ableben war nahe. Seine Zeit auf Erden lief ab. Seine letzten inspirierten Worte haben einen Hauch von Dringlichkeit.

Zweitens, im Neuen Testament bezieht sich der Ausdruck «die letzten Tage» auf die ganze Zeit zwischen der Himmelfahrt Christi und Seiner Rückkehr (s. Apg 2,17; Hebr 1,1-2; 1Petr 1,20; 1Jo 2,18 [«die letzte Stunde»]). Diesen Zeitraum nennen wir oft die Zeit der Gemeinde oder das Gemeindezeitalter.

Das Wort «Zeiten» in 2. Timotheus 3,1 bedeutet «Zeitabschnitte». Wir können Vers 1 auch so übersetzen: «In den letzten Tagen werden wilde Zeitabschnitte kommen.» Im Kontext von 2. Timotheus 3,1 will Paulus zum Ausdruck bringen, dass es in den letzten Tagen – ein Zeitraum von nunmehr fast zweitausend Jahren – kürzere Zeitabschnitte, Phasen oder Intervalle geben wird, in denen der Abfall vom Glauben besonders schlimm und schwerwiegend sein wird.[5]

Das Wort «schlimm» (*chelepoi*) in 2. Timotheus 3,1 enthält den Gedanken an «schwer» oder «schrecklich». Die andere Stelle, wo wir dieses griechische Wort im Neuen Testament finden, ist Matthäus 8,28, wo die zwei Besessenen so *chelepoi* («gewalttätig» oder «wild») waren, dass niemand an ihnen vorbeigehen konnte. Plutarch benutzte dieses Wort, um «eine hässliche, entzündete und gefährliche Wunde» zu beschreiben.[6]

Alles zusammengenommen teilt uns Paulus mit, dass die letzten Tage nicht ausnahmslos böse sein werden, sondern immer wieder von hässlichen, gefährlichen und wilden Zeitabschnitten geprägt sein werden. Wir leben heute in diesen unkontrollierbaren Zeiten.

Drittens, diese Stelle sagt, dass sich die Dinge insgesamt verschlechtern, auch wenn es in den letzten Tagen zu besonders schrecklichen Zeiten des Abfalls kommen wird. In Vers 13 erfahren wir, dass wir während des Gemeindezeitalters mit zunehmendem Abfall vom Glauben rechnen müssen: «Böse Menschen aber und Betrüger werden es immer schlimmer treiben, indem sie verführen und sich verführen lassen.» Mit anderen Worten, im Verlauf des als die letzten Tage bekannten Zeitraums werden sich diese gefährlichen, unkontrollierbaren Zeiten häufen und intensiver werden, während die Rückkehr Christi immer näher kommt.

Viertens, wir müssen erkennen, dass 2. Timotheus 3,1-13 Zustände oder Symptome innerhalb der sichtbaren Gemeinde beschreibt. Offensichtlich sind die hier aufgeführten Sünden in der Gesellschaft im Allgemeinen weit verbreitet. Das ist nichts Neues. Schockierend ist, dass die Sünden der Gesellschaft zu den Sünden der Gemeinde werden. Das Leben bekennender Christen wird auf unterstem Niveau dargestellt. Der ganze Kontext von 2. Timotheus 3,1-13 beschreibt Menschen, die angeben, Gott zu kennen, und den äusseren Anschein von Gottesfurcht haben, ihre Kraft aber verleugnen. Paulus sagt deutlich, dass es nicht an Religion mangeln wird, sondern dass ihre lebensverändernde Kraft in den Menschen und der Gesellschaft verleugnet wird. Wie Ray Stedman sagt: «Paulus teilt uns mit, dass der Hauptgrund für diese sich wiederholenden Zyklen von Stress und Gefahr das heuchlerische Leben von Menschen ist, die sich als Christen bekennen. Äusserlich scheinen sie fromm und religiös zu sein, aber in ihrem Inneren haben sie nicht die Kraft Gottes in ihrem Leben. ... Wenn unser Licht schwächer wird, versinkt die ganze Welt immer tiefer in der Dunkelheit.»[7]

Don Carson meint: «Dieser Anschein von Gottesfurcht kann viele verschiedene Formen annehmen. Es mag eine schöne Liturgie, viel überschwänglicher Lärm oder auch übersprudelnde Gespräche über Gott sein. Was jedoch fehlt, ist die Kraft des Evangeliums, die das Leben der Menschen verändert.»[8]

Fünftens, die Hauptsünde des Abfalls der letzten Tage, diejenige, die die Liste anführt, ist: «Die Menschen werden sich selbst lieben.» Das ist der Kern dieser Liste. Selbstliebe ist die vergiftete Quelle, aus der die anderen achtzehn Merkmale fliessen. Sie wird gefolgt von Geldgier und später von der Aussage, dass «sie das Vergnügen mehr lieben als Gott».

Der gegenwärtige moralische Wahnsinn und Abfall markiert einen radikalen Wechsel von der Verehrung Gottes zur Selbstliebe. In den letzten Tagen findet eine Art umgekehrte kopernikanische Revolution statt. Das Zentrum aller Existenz ist das Ich, nicht Gott, was ein schwarzes Loch der Verdorbenheit kreiert, in welchem sich alle möglichen Arten von Sünde und Rebellion vermischen:

> Das wahre Problem dieses Strudels an Gottlosigkeit ist, dass die beschriebenen Merkmale an denen sichtbar werden, die bekennen, zum Volk Gottes zu gehören. ... Sie dienen mit ihren Lippen, nicht mit ihrem Leben. ... Sie werden einen Anschein haben, aber die Kraft, die dieser Anschein andeutet, verleugnen. ... Die Religion der letzten Tage wird ebenso florieren wie die Gottlosigkeit, denn das, was als Religion durchgehen wird, wird keine Kraft in sich haben. Es wird an einer Form von Religion festgehalten, deren Kraft aber verleugnet.[9]

Somit lernen wir aus dieser Stelle, dass es in den letzten Tagen Zeiten geben wird, in denen der moralische Abfall in der sichtbaren Gemeinde besonders ernsthaft, furchtbar und hässlich sein wird. Die allgemeine Dekadenz und der Abfall vom Glauben innerhalb der bekennenden Gemeinde werden weiter fortschreiten.

## Schiefe Leben

Vor einigen Jahre wurde in einer Nachrichten-Show für Kinder berichtet, dass der Schiefe Turm von Pisa möglicherweise zusammenbrechen könnte, und um die Kommunikation mit dem Publikum zu fördern, baten die Reporter Kinder um Lösungsvorschläge für das Problem.

Mehrere Ideen aus dem Publikum wurden vorgestellt, einschliesslich Seilen, die den Turm zurückhalten sollen, Kältetechnik, um den Turm an Ort und Stelle einzufrieren, und einem Anbau an den Turm, um die Konstruktion unauffällig zu stützen. Aber die interessanteste Idee war der Vorschlag eines Jungen, «die Gebäude herum genauso zu bauen, sodass es keinem auffällt».

Viele bekennende Christen greifen heute zur selben Lösung, wenn es um die schiefe Welt geht, in der wir leben. Statt ein gottesfürchtiges Leben zu führen als Zeugnis für diese krumme Welt, führen sie ein schiefes Leben, um keine negative Aufmerksamkeit zu erregen.[10]

Die herabgesenkten Massstäbe in vielen Gemeinden und Denominationen sind von denen der Welt kaum zu unterscheiden. Das erinnert mich an eine Geschichte, die Philip DeCourcy über die Countrymusik-Legende Willie Nelson erzählt, der sich einen Golfplatz kaufte. Willie wurde einmal gefragt, wie viel Par der Platz hatte. Er antwortete: «So viel ich will. Sehen Sie das Loch da drüben? Es ist ein Par 47.» Dann fügte er trocken hinzu: «Gestern habe ich einen Birdie darauf gespielt.»[11] Das ist eine lustige Geschichte. Weniger lustig ist aber, dass viele in der Gemeinde heute genauso über moralische Grundsätze denken und die Verhaltensstandards senken, um sie mühelos erreichen zu können. DeCourcy fährt fort:

> Es scheint, als würde eine steigende Zahl an Menschen nicht an feste oder universelle Grundsätze für moralisches Verhalten glauben. Richtig und Falsch werden von dem bestimmt, was die Situation erfordert oder was sie meinem, was zu ihrem Besten ist. Unsere Zeit unterscheidet sich nicht allzu sehr von der der Richter, als jeder tat, was in seinen Augen richtig war, da es in Israel keinen König gab (Ri 21,25). Wir leben auch in einer Zeit, die der des Propheten Jesaja ähnelte, als die Menschen das Böse gut und das Gute böse nannten (Jes 5,20). Unsere zunehmend säkulare Gesellschaft schreibt die moralischen Regeln neu (Ri 2,10). In einer postmodernen Welt gibt es keinen König und kein Reich, das über alles herrscht, und so sind «alle Wege des Menschen rein in seinen Augen» (Spr 16,2.25; 21,2; 30,12). Jeder Mensch ist sein eigenes Gesetz, und jede soziale Gruppe ihr eigenes Reich. Der Mensch ist autonom und frei, seine sexuellen Wünsche auszuleben, sein Geschlecht selbst zu bestimmen, sein eigenes Leben zu führen und sogar sein Leben zu beenden, wenn es ihm passt. Das ist die schöne neue Welt der Ethik![12]

Und diese schöne neue Welt ist in die Gemeinde eingedrungen. Das sehen wir an den Scheidungsraten in evangelikalen Gemeinden, die sich in keinster Weise von denen von Nichtchristen unterscheiden, und in manchen Fällen sogar höher sind. Herabgesenkte Massstäbe sind ebenso zu erkennen am vorehelichen Geschlechtsverkehr und dem Zusammenleben in eheähnlichen Gemeinschaften von jungen Erwachsenen, die sich als Christen bekennen. Auch der Konsum von Pornografie hat unter Gläubigen stark zugenommen. In vielen wichtigen Bereichen unterscheidet sich die Gemeinde nicht sonderlich von der Welt.

## Die einzige Meinung, die zählt

Moralischer Abfall, der wie Metastasen aus dem Krebs des lehrmässigen Abfalls erwächst, wird sich in der Gemeinde weiter ausbreiten und seinen Höhepunkt erreichen, bevor Christus zurückkehrt, um alle in den Himmel zu holen, die Ihn demütig als den Sohn Gottes und Ihren Erlöser von der Sünde angenommen haben (s. 1Thes 1,9-10). Der zunehmende Abfall in dieser Zeit bereitet die Bühne für den letzten Abfall vom Glauben, der unter dem Antichristen stattfinden wird direkt vor der Rückkehr Christi auf die Erde (s. 2Thes 2,2-3).

Während wir unterdessen auf die Rückkehr Christi warten, sollen wir das Wort Gottes studieren und ihm gehorsam sein.

Schiedsrichter Babe Pinelli wertete einmal einen Ball von Babe Ruth als Fehlschlag. Als die Menge buhte, forderte Ruth den Schiedsrichter heraus. «40 000 Menschen haben gesehen, dass der letzte Wurf in Ordnung war.» Die Coaches und Spieler bereiteten sich darauf vor, dass Ruth aus dem Spiel geworfen würde. Aber Pinelli behielt einen kühlen Kopf und erwiderte nur: «Mag sein, Babe, aber meine Meinung ist die einzige, die zählt.»

Heute muss sich die Gemeinde daran erinnern, dass Gottes Meinung über Lehre und Moral die einzige ist, die zählt. 2. Timotheus 3,14-17 macht das deutlich. Die Schrift besteht aus Gottes eigenen Worten. Ein Kapitel, das unter der unheilvollen Wolke des Abfalls beginnt, endet unter dem puren Sonnenschein der von Gott eingegebenen Schrift. Gottes Wort wird als die Antwort auf Apostasie dargestellt:

> Du aber bleibe in dem, was du gelernt hast und was dir zur Gewissheit geworden ist, da du weisst, von wem du es gelernt hast, und weil du von Kindheit an die heiligen Schriften kennst, welche die Kraft haben, dich weise zu machen zur

> Errettung durch den Glauben, der in Christus Jesus ist. Alle Schrift ist von Gott eingegeben und nützlich zur Belehrung, zur Überführung, zur Zurechtweisung, zur Erziehung in der Gerechtigkeit, damit der Mensch Gottes ganz zubereitet sei, zu jedem guten Werk völlig ausgerüstet (2Tim 3,14-17).

2. Timotheus 3,14 beginnt mit zwei kleinen Worten – «du aber» (*su de* im Griechischen). In gewisser Hinsicht sind das die Schlüsselworte in 2. Timotheus. Viermal wird Timotheus aufgefordert, sich von dem abzusondern, was um ihn herum passiert (s. 2Tim 2,1; 3,10.14; 4,5). Er war das genaue Gegenteil vieler seiner christlichen Zeitgenossen, die sich entschieden hatten, sich *anzupassen*, statt sich *abzuheben*. Er lernte treu das Wort Gottes und lebte es in seinem Leben aus.

Gottes Wort ist unsere Quelle, um den Abfall vom Glauben wahrzunehmen und zurückzuweisen.[13] Philip Ryken, Präsident des Wheaton College, schreibt: «Bergleute nahmen zur Sicherheit traditionell einen Kanarienvogel mit in die Grube. Kanarienvögel sind sensible Tiere, und deshalb sind sie die Ersten, die unter den schädlichen Folgen von verunreinigter Luft leiden. Falls es zu mangelndem Sauerstoff oder einer plötzlichen Zufuhr von giftigen Gasen gekommen wäre, hätte der Kanarienvogel sein Bewusstsein verloren und den Grubenarbeitern wäre klar gewesen, dass sie an die Oberfläche zurückkehren mussten.»[14] Heute warnt uns Gottes Wort auf ähnliche Weise vor der Toxizität der uns umgebenden moralischen Atmosphäre. Die Bibel ist wie ein Kanarienvogel unten im Minenschacht und warnt uns vor den tödlichen Gasen, die in die Gemeinde einsickern. Aber die Bibel ist auch die frische Luft – die Antwort auf das verpestete Umfeld der Gemeinde.

Ihrem Aufruf zum «Hochziehen» nachzukommen, ist die einzige Antwort auf unseren freien moralischen Fall.

## Fussnoten

1 Dies wurde adaptiert aus John MacArthurs «The Conscience Revisited», Grace to You, http://www.gty.org/resources/Articles/A273/The-Conscience-Revisited.

2 Dieser Witz stammt aus «100 Mile an Hour Goat», 9. November 2009, http://www.ebaumsworld.com/jokes/read/80809499.

3 A. W. Tozer, *Man: The Dwelling Place of God* (Camp Hill, PA: WingSpread, 2008), S. 181.

4 Lesen Sie 2. Petrus 2 und den Judasbrief, dort wird dieses Muster deutlich sichtbar.

5 Homer A. Kent, Jr., *The Pastoral Epistles*, überarbeitete Ausgabe (Chicago: Moody, 1986), S. 272.

6 John F. MacArthur, *1 & 2 Timothy*, in The MacArthur New Testament Commentary (Chicago: Moody, 1995), S. 107.

7 Ray C. Stedman, *The Fight of Faith: Studies in the Pastoral Letters of Paul, I and II Timothy and Titus* (Grand Rapids, MI: Discovery House, 2009), S. 238.

8 Don Carson, *From the Resurrection to His Return: Living Faithfully in the Last Days* (Tain, Scotland: Christian Focus, 2010), S. 18.

9 K. Edward Copeland, «Shadowlands: Pitfalls and Parodies of Gospel-Centered Ministry», in *Entrusted with the Gospel: Pastoral Expositions of 2 Timothy*, Hrsg. D. A. Carson (Wheaton, IL: Crossway, 2010), S. 93-94.

10 Dieses Bild wurde ausgeliehen von Doug McIntosh, *Life's Greatest Journey: How to Be Heavenly Minded AND of Earthly Good* (Chicago: Moody Press, 2000), S. 13-14.

11 Philip DeCourcy, «You Don't Get to Write the Rules», *Know the Truth*, 23. Januar 2015, http://www.ktt.org/pages/page.asp?page_id=153644&articleId=47346.

12 Ebd.

13 Auf jede wesentliche neutestamentliche Stelle über den Abfall vom Glauben und falsche Lehren folgt unmittelbar eine Aussage über das Wort Gottes. Hier einige Beispiele: 1. Timotheus 4,13-16; 2. Timotheus 3,16-17; 2. Petrus 1,21 (hier steht die Aussage über die Schrift vor der Warnung vor falschen Lehrern); 2. Petrus 3,1-2; Judas 1,17.

14 Philip Graham Ryken, *He Speaks to Me Everywhere: Meditations on Christianity and Culture* (Phillipsburg, NJ: P & R Publishing, 2004), S. 17-18.

KAPITEL 7

# DER WENDEPUNKT FÜR DIE GEMEINDE

Der 26. Juni 2015 war ein Wendepunkt in der amerikanischen Geschichte. Der Oberste Gerichtshof der Vereinigten Staaten entschied im Fall *Obergefell gegen Hodges*, dass «das Recht zu heiraten, ein fundamentales Recht ist, das der Freiheit einer Person eigen ist, und laut dem ordnungsgemässen Verfahren und der Gleichbehandlungsklausel des vierzehnten Zusatzartikels zur Verfassung dürfen gleichgeschlechtliche Paare nicht dieses Rechts und dieser Freiheit beraubt werden».[1] Das Urteil verbietet es darüber hinaus jedem Bundesstaat, die Ehe von gleichgeschlechtlichen Paaren zu behindern, und setzt alle Statuten und verfassungsmässigen Vorkehrungen des Bundesstaates ausser Kraft, welche die Ehe als Verbindung zwischen einem Mann und einer Frau definieren.

Das Urteil war ein verheerender Schlag gegen jene, die an die Bibel und ihre Definition von Ehe als monogame, heterosexuelle Verbindung glauben, sowie gegen alle, die die traditionelle, von alters her anerkannte Sicht von Ehe vertreten. Mit einem Schlag war die natürliche Ehe nicht mehr die alleinige Definition von

Ehe in Amerika. So traurig diese Entscheidung auch ist, sie kam für niemanden überraschend, der die gesellschaftlichen Tendenzen zu diesem Thema verfolgt hat. Es war nur eine Frage der Zeit seit Beginn der sexuellen Revolution in den 1960ern.

Trotzdem, was sogar noch schlimmer ist als die Entscheidung des Obersten Gerichtshofs der USA, sofern überhaupt möglich, ist die Reaktion vieler bekennender Christen darauf, sogar christlicher Führungspersonen. In vielen Kreisen der bekennenden Christenheit wurde die Entscheidung mit Anerkennung, Zustimmung und sogar Beifall begrüsst. Das ging so weit, dass viele Denominationen und progressive «Christen» dem Obersten Gerichtshof voraus waren.

Ein Jahr vor dem *Obergefell*-Urteil erkannte die Presbyterianische Kirche (der USA) die Ehe von Homosexuellen an. «Der legislative Ausschuss der Presbyterianischen Kirche (U.S.A.) stimmte mit grossem Abstand dafür ... die gleichgeschlechtliche Ehe als christlich in den Statuten der Kirche anzuerkennen, und fügte sprachlich hinzu, dass «Ehe die Verbindung zwischen ‹zwei Menschen› sein kann, nicht nur zwischen ‹einem Mann und einer Frau›»?[2]

Etwa zwei Wochen vor dem Urteil des Obersten Gerichtshofs äusserte sich Tony Campolo, eine bekannte christliche Führungsperson, zugunsten der Ehe von Homosexuellen. Campolos Gründe wurden in den CBN-News erklärt:

> Es waren [Campolos] eigene Beziehung zu seiner Ehefrau und den vielen gleichgeschlechtlichen Paaren, die sie kannten und mit denen sie Umgang hatten, die ihn davon überzeugten, dass das Hauptziel der Ehe geistliches Wachstum ist. Er schrieb auch, dass Homosexualität «fast nie eine Entscheidung» sei und die Gemeinde denen, die sich zum eigenen Geschlecht hingezogen fühlen, Liebe und Annahme geben sollte.

> «Unzählige Stunden im Gebet, Studium, in Gesprächen und des Gefühlschaos waren nötig, um mich an den Punkt zu bringen, dass ich schliesslich bereit war, für die volle Aufnahme von homosexuellen christlichen Paaren in der Gemeinde einzutreten.»[3]

Rob Bell, ehemaliger Pastor der Mars Hill Church, und seine Frau Kristen waren zu Gast bei Oprah Winfreys *Super Soul Sunday*. Als sie nach der Akzeptanz der gleichgeschlechtlichen Ehe in der Gemeinde gefragt wurden, sagte Rob Bell: «Wir sind nur Augenblicke entfernt. Ich denke, die Kultur ist schon vorhanden. Und die Gemeinde wird noch unbedeutender, wenn sie zweitausend Jahre alte Briefe als ihre beste Verteidigung heranzieht.»[4] Seine völlige Herabsetzung der Schrift ist unfassbar.

Die einflussreiche Autorin und Bloggerin Rachel Held Evans, die sich nicht mehr für evangelikal hält, steht voll und ganz hinter der gleichgeschlechtlichen Ehe und stützt ihre Position nahezu ausschliesslich auf Gefühle und den Wunsch, andere zu unterstützen statt die Schrift. Sie sagt: «So wie ich es in der Vergangenheit klargemacht habe, unterstütze ich die eheliche Gleichstellung und meine schwulen und lesbischen Freunde, die sich ihr Leben lang auf eine andere Person festlegen wollen.»[5] Diesen Zitaten könnten noch viele weitere ähnliche und gleichermassen schockierende hinzugefügt werden. Die Blogwelt ist voller wohlgesonnener Unterstützung von bekennenden Christen, die homosexuelle Beziehungen im Namen der Liebe und Akzeptanz unterstützen.[6]

Einfach ausgedrückt, die gesellschaftliche Meinung zu dieser Frage hat sich grundlegend gewandelt, insbesondere bei Personen unter fünfzig und noch viel stärker bei unter Dreissigjährigen. Bei Gläubigen, die in den letzten Jahrzehnten in Amerika gelebt haben, dreht sich alles. Was in aller Welt ist geschehen?

Wie sind wir dahin gekommen? Auch wenn viele Faktoren zu einem Wandel wie diesem beigetragen haben, tun sich doch drei besonders hervor.

Erstens, hinter diesem Meinungsumschwung steckt eine gut organisierte teuflische Strategie. Die Familie ist das Fundament der Gesellschaft – die erste von Gott geschaffene menschliche Einrichtung. Die wichtigste neutestamentliche Passage über geistliche Kriegsführung ist Epheser 6,10-18, die sich direkt an eine Stelle über Ehe und Familie anschliesst. Der Teufel ist der erklärte Feind der traditionellen, natürlichen Ehe und der Familie. Es steht ausser Zweifel, dass veränderte Ansichten über homosexuelles Verhalten – eines der grundlegenden Themen unserer Zeit – zur unverhohlenen Strategie des Teufels gehören, die menschliche Identität zu verdrehen und neu zu erfinden. Das Ziel des Teufels ist, jede Spur von Gewissen in der Menschheit, der Krone der Schöpfung Gottes, zu verwischen und zu zerstören. Er ist bemüht, die Menschen in jeder erdenklichen Weise – lehrmässig und moralisch – von der Wahrheit wegzubringen.

Da das Kommen Christi näher rückt, sollten wir erwarten, dass der Feind seine Angriffe auf die Wahrheit verschärft, um die Welt auf den letzten grossen Abfall vorzubereiten (s. 2Thes 2,2-3). Die unfassbare Geschwindigkeit, mit der homosexuelles Verhalten salonfähig geworden ist, kann nur mit übernatürlichen Bedingungen erklärt werden. Etwas, das über menschliche Kräfte hinausgeht, treibt dieses Thema an und sorgt dafür, dass Menschen, die sich dagegen aussprechen, ausgegrenzt und verspottet werden.

Zweitens, die Bibel und die gesunde biblische Lehre werden zunehmend zu Relikten. In einer steigenden Zahl von Gemeinden wird die Bibel heute nicht mehr treu gelehrt. Das Vertrauen in das inspirierte Wort Gottes schwindet dramatisch dahin. Die

Menschen wissen nicht, was die Bibel sagt, oder es interessiert sie nicht, oder sie glauben nur das, was sie glauben wollen. Alles ist schwammig und unsicher geworden. Ohne letztgültige Autorität verschwindet die christliche Weltanschauung, und die Moral ist ein bewegliches Ziel, das nur den Strömungen der Gesellschaft unterliegt. Christian Smith beklagt diesen Trend von der objektiven Wahrheit hin zu subjektiven Gefühlen: «Obwohl sich die überwältigende Mehrheit der amerikanischen Jugendlichen als Christen verstehen, scheint der ‹Sprachgebrauch› und somit die Erfahrung von Dreieinheit, Heiligkeit, Sünde, Gnade, Rechtfertigung, Heiligung, Gemeinde, Abendmahl und Himmel und Hölle für die meisten christlichen Teenager in den Vereinigten Staaten von Worten wie Glück, Freundlichkeit und verdiente himmlische Belohnung abgelöst worden zu sein.»[7] Smith und seine Kollegen nennen diesen neuen Glauben «moralistischen therapeutischen Deismus», ein Glaubenssystem, das von der Existenz eines Gottes ausgeht, der wenig mehr verlangt, als freundlich zu sein «mit dem zentralen Lebensziel, glücklich zu sein und sich gut zu fühlen».[8] Bei dem derzeit herrschenden Klima von Moralismus und Relativismus, auch in den Gemeinden, sollte es uns nicht überraschen, was vor sich geht.

Drittens, Kompromissbereitschaft und Feigheit haben viele bekennende Gläubige fest in ihrem Griff. In einer Gesellschaft, die zunehmend mehr Gefallen an gleichgeschlechtlichen Beziehungen hat und jene verteufelt, die diese Ansicht nicht teilen, sind viele nicht mehr bereit, sich dem Ansturm zur Wehr zu setzen. Es ist leichter, sich wegzuducken und nachzugeben. Es ist zu erwarten, dass mehr und mehr bekennende Christen den Weg des geringsten Widerstands gehen und schweigen oder vor der Flut von Kompromissen und Toleranz kapitulieren.

Die Berufung des Volkes Gottes ist es dennoch, an der Schrift festzuhalten und einander zu lieben, auch wenn wir für unsere

Überzeugungen zu diesem wichtigen Thema verlacht und verleumdet werden (s. 1Petr 4,12-19). Wahre Liebe füreinander bedeutet, ihnen liebevoll die Wahrheit zu sagen.

## Moralischer Abfall

Manch einer mag sich fragen, warum wir von allen Sünden in unserer Gesellschaft ausgerechnet homosexuelles Verhalten für ein so wichtiges Merkmal des Abfalls vom Glauben erachten. Es lassen sich alle möglichen Sünden finden, warum widmen wir also gerade dieser ein ganzes Kapitel? Haben wir uns diese Sünde ausgesucht, weil sie ein so leichtes Ziel ist? Auch wenn wir nicht für alle Christen sprechen können, glauben wir, dass es drei Hauptgründe gibt, warum homosexuelles Verhalten ein grundsätzliches Thema bezüglich des Abfalls vom Glauben ist.

1. Diese Sünde ist auf einzigartige Weise wider die Natur und entspricht nicht der Schöpfungsordnung Gottes. In Römer 1 betont Paulus drei Mal, dass die Sünde der Homosexualität wider die Natur oder unnatürlich ist (s. Röm 1,26-27). Diese Sünde ist anders als andere Sünden und hat eine Linie überschritten. Sie verstösst gegen eine von Gott festgelegte Grenze. Römer 1,27 bringt dies klar zum Ausdruck: «Gleicherweise haben auch die Männer den natürlichen Verkehr mit der Frau verlassen und sind gegeneinander entbrannt in ihrer Begierde und haben Mann mit Mann Schande getrieben und den verdienten Lohn ihrer Verirrung an sich selbst empfangen.» In diesem einen Vers wird deutlich gemacht, dass Homosexualität unnatürlich, unmoralisch und eine Verwirrung ist, die eine angemessene Bestrafung nach sich zieht.

In dem Versuch, dieses Argument abzuschwächen, behaupten heute viele, dass alle Sünden gleich sind. Homosexualität unterscheidet sich nicht von Lügen, Klatsch oder Trunkenheit, sagen sie, warum sollte man also so viel Aufhebens darum machen. Wer sich der schnellen Akzeptanz von homosexuellem Verhalten entgegenstellt, dem wird vorgeworfen, er würde bei diesem Thema überreagieren und nicht die Verhältnismässigkeit wahren. Zugegeben, dieser Punkt wird auch häufig von Personen zitiert, die gegen homosexuelles Verhalten sind, um nicht voreingenommen zu sein. Schliesslich sind wir alle Sünder – und dazu sagen wir «Amen». Aber ist das alles? Sind wirklich alle Sünden gleich?

Die Antwort darauf lautet Ja und Nein. Ja, alle Sünden sind insofern gleich, dass sie allesamt gegen das Gesetz Gottes verstossen. Sie machen den Übertreter zu einem Gesetzesbrecher (s. Jak 2,10-11). Sie stellen ihn gegen das Gesetz. In dieser Hinsicht sind alle Sünden gleich. Aber nein, nicht alle Sünden haben die gleichen Auswirkungen und Konsequenzen. Liest man die alttestamentlichen Gesetzesvorschriften, stellt man fest, dass unterschiedliche Vergehen verschiedene Strafen nach sich ziehen. Unterschiedliche Strafen machen deutlich, dass einige Sünden ernster sind als andere.

Dasselbe gilt für heutige Gesetzesvorschriften. Nur wenige würden behaupten, dass sich Verkehrsdelikte nicht von Vergewaltigung, Bankraub oder Entführung unterscheiden. Ja, alle Straftaten sind gegen das Gesetz. Alle Verstösse machen eine Person zum Gesetzesbrecher. Aber nein, nicht alle haben nahezu dieselben Konsequenzen oder ziehen dieselbe Strafe nach sich. Die Schrift behandelt Homosexualität nicht wie andere Sünden.[9]

Wenn jemand mit einer Pistole auf ein grosses Glasfenster schiesst, durchbricht die Kugel die Scheibe. Ein kleines Loch entsteht. Der Schütze hat das Glas zerbrochen. Schiesst jemand anderes mit einer Bazooka auf ein grosses Glasfenster, zerschmettert das Geschoss der Bazooka das Glas. Auch diese

Person hat das Glas zerbrochen. Aber im zweiten Fall wird die Glasscheibe völlig zerstört. Es entsteht nicht ein kleines Loch, sondern ein Totalschaden. Das Fenster wurde samt Rahmen weggepustet. Beide Personen haben das Glas zerbrochen, und in dieser Hinsicht ist ihre Tat gleich, aber wer würde behaupten, dass sie tatsächlich gleichzusetzen sind? Gewiss nicht der Besitzer des Fensters. Diese beiden Taten unterscheiden sich gewaltig. Die Konsequenzen sind nicht unerheblich. Die Strafe wird nach dem Ausmass des entstandenen Schadens bemessen. Wenn nun jemand sagt, alle Sünden wären vor Gott gleich, müssen wir sichergehen, dass wir das Problem auch richtig beschrieben haben.

2. Die Akzeptanz homosexuellen Verhaltens ist ein Wendepunkt – eine leuchtend rote Grenze – für unsere Gesellschaft und die Gemeinde, weil man bis vor Kurzem noch allgemein der Auffassung war, dass Homosexualität falsch ist. In den 60ern und 70ern hielten Menschen aus allen Alters- und Gesellschaftsschichten körperliche Intimität zwischen zwei Personen gleichen Geschlechts für falsch. Für nahezu niemanden, einschliesslich der verhärtetsten Ungläubigen, war homosexuelles Verhalten akzeptabel. Die Lawine der letzten zwanzig Jahre, die ihren Höhepunkt in der landesweiten Legalität gleichgeschlechtlicher Ehen fand, ist nichts Geringeres als unglaublich. Die radikale Neudefinierung der Ehe trifft das Herz der Menschheit und Gesellschaft. Die erste menschliche Einrichtung, die Gott schuf, war die Ehe. Ihre Definition zu verändern, bedeutet, dass nichts mehr heilig ist – nichts ist tabu. Alles ist machbar.

3. Immer mehr bekennende Christen kapitulieren vor der Gesellschaft und akzeptieren gleichgeschlechtliche Beziehungen. Untersuchungen des Pew Research Center zufolge «wird die Kluft zwischen Evangelikalen und der protestantischen Hauptrichtung in Bezug auf die Ehe von Homosexuellen immer

grösser. Die Studie ergab, 70 Prozent der weissen Evangelikalen und 57 Prozent der schwarzen Protestanten sind nicht dafür, die gleichgeschlechtliche Ehe im Gesetz zu verankern [das bedeutet, ein Drittel der weissen Evangelikalen und fast die Hälfte der schwarzen Protestanten sind dafür]. Doch 62 Prozent der der protestantischen Hauptrichtung zuzurechnenden Weissen und 56 Prozent der Katholiken sind für die gleichgeschlechtliche Ehe».[10] Die Kapitulation so vieler bei diesem Thema fordert zu einer durchdachten Reaktion auf, zu einem Aufruf zu biblischer Wahrnehmung und einer Antwort auf die Frage: Wie können wir an der Schrift festhalten und alle Menschen lieben, wenn wir von der Welt gehasst und verteufelt werden, nur weil wir der Bibel glauben?

## Zurück zur Bibel

Zweitausend Jahre lang glaubte die Gemeinde Jesu Christi, dass homosexuelles Verhalten Sünde ist. Eine gleichgeschlechtliche Neigung an sich ist nicht sündig, erst das Ausleben derselben ist gegen die Schrift. Der Unterschied zwischen einer gleichgeschlechtlichen Neigung und ihrem Ausleben ist von Bedeutung, und wir müssen diesen Punkt stets klar vor Augen haben.

Die Überzeugung, dass homosexuelle Aktivitäten falsch sind, wurde noch vor zwei oder drei Jahrzehnten von Christen und Nichtchristen gleichermassen geteilt. Um es so deutlich wie möglich zu sagen: Christen glaubten, «Gott wollte von den Menschen, dass sie ihre Sexualität innerhalb der ehelichen Grenzen zwischen einem Mann und einer Frau lebten, nicht mit einer Person desselben Geschlechts».[11]

Doch plötzlich schlug die öffentliche Meinung um und progressiv orientierte Personen in der Gemeinde hatten die Eingebung, dass homosexuelles Verhalten für Gott akzeptabel ist. Schon bald konnten viele ihren Segen nicht schnell genug dazu geben. Aber ist es denkbar, dass der Meinungsumschwung nicht aufgrund einer *Eingebung*, sondern aus *Eigeninteresse* erfolgte – weil man sich wünschte, von der säkularen Gesellschaft akzeptiert zu werden? Geht die Kehrtwende auf den Wunsch zurück, das Etikett Homophobie zu vermeiden und liebevoller und toleranter zu erscheinen als Gläubige, die an der jahrtausendelangen Auslegung des Wortes Gottes festhalten?

Wenden wir uns dem Wort Gottes zu. Dort finden wir vier wesentliche Stellen (oder Anordnungen), die sich negativ zum Thema homosexuelle Aktivität äussern:

1. Die Geschichte von Sodom (1Mo 19,1-13)
2. Die levitischen Texte (3Mo 18,22; 20,13)
3. Paulus' Beschreibung der von Gott abgefallenen Gesellschaft (Röm 1,26-32)
4. Zwei Listen von Paulus, die jeweils Hinweise auf homosexuelle Praktiken enthalten (1Kor 6,9-10; 1Tim 1,8-11)[12]

Im Anschluss wollen wir uns jede dieser Stellen kurz anschauen. (Die Stellen in 3. Mose werden in Verbindung mit 1. Korinther 6 besprochen.)

*1. Mose 19,1-13*

Die bekannte Stelle in 1. Mose 19 handelt von dem homosexuellen Verlangen der Männer Sodoms nach den zwei männlichen Besuchern in der Stadt – Engelwesen in menschlicher Gestalt – und Gottes verheerendem Gericht über die Stadt. Seitdem wird Sodom gleichgesetzt mit dem Gericht Gottes. John Stott schreibt: «Homosexuelles Verhalten war gewiss nicht Sodoms einzige Sünde, aber der Schrift zufolge gehörte es sicherlich zu seinen Sünden, die Gottes furchtbares Gericht nach sich zogen.»[13] Der Judasbrief bestätigt die Verbindung zwischen Sodoms sexueller Sünde und seiner Zerstörung (s. Jud 1,6-7).

*Römer 1,26-32*

In Römer 1,26-27 lesen wir: «Darum hat sie Gott auch dahingegeben in entehrende Leidenschaften; denn ihre Frauen haben den natürlichen Verkehr vertauscht mit dem widernatürlichen; gleicherweise haben auch die Männer den natürlichen Verkehr mit der Frau verlassen und sind gegeneinander entbrannt in ihrer Begierde und haben Mann mit Mann Schande getrieben und den verdienten Lohn ihrer Verirrung an sich selbst empfangen.»

Obschon viel über diese Verse gesagt werden könnte – und wurde –, besteht kein Zweifel, dass die anderen in Römer 1,28-31 aufgeführten Handlungen sündig sind, und Römer 1,28-31 folgt direkt auf die Verse, die sich mit Homosexualität befassen. Angesichts des Kontexts, der schwerwiegende Sünden enthält, ist es schon haarsträubend zu behaupten, dass Paulus homosexuelles Verhalten nicht für eine Sünde hielt. Kevin DeYoung hat es gut ausgedrückt:

> Homosexuelle Praktiken sind sündig, da sie gegen Gottes Absicht mit der Schöpfung verstossen. Paulus' Logik zufolge haben Männer und Frauen, die sich an gleichgeschlechtlichen Handlungen beteiligen – auch wenn sie nur ihren eigenen Gefühlen und Wünschen nachkommen –, Gottes Wahrheit durch Ungerechtigkeit aufgehalten. Sie haben die natürliche Beziehung zwischen Mann und Frau gegen eine widernatürliche eingetauscht.[14]

*1. Korinther 6,9-10*

- 1. Korinther 6,9-10 enthält eine scheussliche Liste von Sünden, die mit dem Reich Gottes und dem Evangelium unvereinbar sind: «Wisst ihr denn nicht, dass Ungerechte das Reich Gottes nicht erben werden? Irrt euch nicht: Weder

Unzüchtige noch Götzendiener, weder Ehebrecher noch *Weichlinge*, noch *Knabenschänder*, weder Diebe noch Habsüchtige, noch Trunkenbolde, noch Lästerer, noch Räuber werden das Reich Gottes erben.»
- Übersehen Sie nicht die ernste Warnung: «Irrt euch nicht.» Da viele diese Worte heute nicht ernst nehmen, *irren* sie sich.

Zwei der in diesen Versen enthaltenen Worte beziehen sich auf homosexuelles Verhalten:

- *Malakos*, manchmal mit «Weichling» übersetzt, bedeutet «bei Berührung weich». Unter den Griechen bezog es sich auf Männer, die beim homosexuellen Verkehr die passive Rolle einnahmen.
- *Arsenokoitai*, findet sich 1. Korinther 6,9, ist ein aus *arsen* (Mann) und *koite* (Bett) zusammengesetztes Wort. Also jemand, der mit Männern ins Bett geht. Somit meint das Wort eindeutig Männer, die sich an homosexuellen Handlungen beteiligen. Paulus bezog sich wahrscheinlich auf 3. Mose 18,22 und 20,13, als er das Wort prägte.[15] Die levitischen Stellen sehen für homosexuellen Verkehr die Todesstrafe vor und nennen es einen «Gräuel». Die verwandten Worte in Römer 1,27, *arsenes en arsesin* («Mann mit Mann»), sind ein anschaulicher Hinweis auf männliche homosexuelle Intimität.

Kevin DeYoung betont die Ernsthaftigkeit dieser Verse:

> Wenn 1. Korinther 6 stimmt, ist es nicht übertrieben, wenn wir sagen, dass die Befürwortung gleichgeschlechtlichen sexuellen Verhaltens – wie auch die Unterstützung jeder Form

von sexueller Unmoral – das Risiko beinhaltet, die Menschen in die Hölle zu führen. ... Wenn wir die Lehre tolerieren, die homosexuelles Verhalten bekräftigt, dann dulden wir eine Lehre, die die Menschen weiter von Gott entfernt. Das ist nicht der Auftrag, den Jesus seinen Jüngern gab, als er ihnen sagte, sie sollten die Völker alles lehren, was er ihnen befahl.[16]

*1. Timotheus 1,8-10*

Eine weitere lasterhafte Liste, die homosexuelles Verhalten verurteilt, findet sich in 1. Timotheus 1,8-10:

> Wir wissen aber, dass das Gesetz gut ist, wenn man es gesetzmässig anwendet und berücksichtigt, dass einem Gerechten kein Gesetz auferlegt ist, sondern Gesetzlosen und Widerspenstigen, Gottlosen und Sündern, Unheiligen und Gemeinen, solchen, die Vater und Mutter misshandeln, Menschen töten, Unzüchtigen, Knabenschändern, Menschenräubern, Lügnern, Meineidigen und was sonst der gesunden Lehre widerspricht.

In 1,10 benutzt Paulus das Wort *arsenokoitai* (dasselbe wie in 1Kor 6,9) und stellt dieses Verhalten eindeutig in einen Zusammenhang mit anderen sündigen Handlungen, die gegen das Gesetz Gottes sind.

*Glauben oder nicht glauben*

Zusätzlich zu diesen Versen schliesst die in 1. Mose 1-2 dargelegte biblische Sicht von der Ehe homosexuelle Handlungen indirekt aus, auch wenn sie sie nicht ausdrücklich verbietet.[17] Die positiven Grundsätze in 1. Mose 1-2 und die ständigen Verbote sexueller Unmoral im Alten und Neuen Testament bestätigen die monogame, heterosexuelle Ehe als einzige geschlechtliche

Verbindung, die Gott akzeptiert und segnet. Trotz all dem Lärm, den wir heutzutage hören, ist die Schrift zu diesem Thema ganz klar. Wer behauptet, es gebe unter Gelehrten keine Einstimmigkeit zu diesem Thema, sollte sich daran erinnern, dass es bis vor Kurzem noch so war. Nur weil Menschen in jüngster Zeit, beeinflusst von kulturellen Trends, angefangen haben, die seit Langem bestehende Auslegung der Schlüsselstellen infrage zu stellen, heisst das nicht, dass das Thema unklar ist.

Die Frage ist: Glauben wir der Bibel als Gottes inspiriertem Wort, und sind wir bereit, sie wörtlich zu nehmen und uns an akzeptierte Auslegungsgrundsätze zu halten? Dass die Bibel homosexuelle Handlungen verbietet, ist jedem objektiven Ausleger klar. Wer die Schrift zu verdrehen versucht, um homosexuelles Verhalten zu unterstützen oder um die Sache zumindest zu verkomplizieren, ist völlig gescheitert, seinen Standpunkt anhand der Bibel zu belegen.

Die neutestamentlichen Verbote zusammenfassend, bemerkt Peter Coleman: «Die Schriften des heiligen Paulus lehnen homosexuelles Verhalten als ein Laster der Heiden im Römerbrief ab, als ein Hindernis für das Reich Gottes im Korintherbrief und als ein vom moralischen Gesetz zurückgewiesenes Vergehen in 1. Timotheus.»[18] Rod Dreher ermutigt junge Leute und progressive Christen, die Pausentaste zu diesem Thema zu drücken:

> Homosexualität ist eine klar leuchtende Grenze. Rachel Held Evans und Gleichgesinnte müssen sich fragen, ob sie bereit sind, Jesus Christus nachzufolgen, wenn sie dazu eine gesellschaftlich entgegengesetzte Position zu diesem Thema einnehmen müssen. Die gleichgeschlechtliche Ehe von einem christlichen Standpunkt zu befürworten, ist ein radikaler Wandel, der zwei Jahrtausende christlichen Denkens und christlicher Lehre zurückweist.

> Sind wir uns tatsächlich so sicher, dass wir Amerikaner im 21. Jahrhundert dieses Recht haben, und jeder, der vor uns kam, einschliesslich dem heiligen Paulus, falschlag?[19]

Das sind weise Worte, die wir uns alle zu Herzen nehmen sollten.

## Argumente für homosexuelle Beziehungen

Ganze Bücher wurden geschrieben, die sich mit dem Pro und Kontra homosexueller Beziehungen auseinandersetzen, daher wollen wir hier nicht die Tiefen dieses Themas ausloten. In diesem Abschnitt wollen wir kurz einige der häufigsten Behauptungen anführen und klarstellen, mit denen Befürworter von Homosexualität ihre Sicht stützen.

### *Was hat Liebe damit zu tun?*

Ein geläufiges Argument zugunsten von homosexuellen Beziehungen ist, dass die Liebe über allem steht. Wenn Menschen einander lieben, kann es nicht falsch sein, was oder mit wem sie es tun. Auch wenn dies in unserer modernen, toleranten Gesellschaft attraktiv klingt, ist es doch zu kurz gegriffen. Liebe, ein wesentlicher Teil jeder intimen Beziehung, ist nicht das allein gültige Kriterium.[20] Was ist zum Beispiel, wenn ein Mensch mehrere Personen liebt? Was, wenn ein Mensch ein Tier liebt? Was, wenn ein Erwachsener ein kleines Kind liebt, und das Kind sagt, es würde den Erwachsenen lieben? Was, wenn jemand eine Person liebt, die mit einer anderen verheiratet ist?

Liebe findet sich im Gehorsam gegenüber dem Gesetz und der Absicht unseres Schöpfers, nicht in der Rebellion gegen diese Dinge. Wie John Stott sagt: «Kein Mann wird gerechtfertigt, wenn er den ehelichen Bund mit seiner Frau bricht, weil er eine andere Frau mehr liebt. Die Qualität der Liebe ist nicht der einzige Massstab, nach dem Gut und Richtig zu bestimmen sind. ... Dem, was Menschen im Namen der Liebe zu rechtfertigen suchen, scheinen keine Grenzen gesetzt.»[21] Liebe kann nicht das alleinige Kriterium für sexuelle Beziehungen sein. Liebe und Gesetz sind nicht unvereinbar (s. Joh 14,15; Röm 13,8).

*Gerechtigkeit für alle?*

Für viele ist die völlige Akzeptanz homosexuellen Verhaltens einfach nur eine Frage von Gerechtigkeit und Antidiskriminierung. Wir hören oft von den «Rechten von Homosexuellen», was andeutet, dass Homosexuelle unter Ungerechtigkeiten leiden, die beseitigt werden müssen. Wie viele andere vertritt auch Desmond Tutu, ehemaliger Erzbischof von Kapstadt, diesen Standpunkt. Aber ist diese Argumentation schlüssig?

Gott ist ein Gott des Rechts und der Gerechtigkeit. Er ist unendlich gerecht, und Er möchte, dass Seine Geschöpfe alle Menschen ohne Unterschied lieben und respektieren. Daraus ergibt sich aber nicht, dass homosexuelles Verhalten um der Gerechtigkeit willen geduldet werden sollte. Über Homosexualität und Gerechtigkeit sagt John Stott: «Von ‹Gerechtigkeit› zu sprechen, ist unangebracht, da die Menschen nicht etwas als ‹Recht› beanspruchen können, was Gott ihnen nicht gegeben hat.»[22] Da der Schöpfer den Menschen nicht das Recht gegeben hat, ihre Sexualität mit Personen des gleichen Geschlechts auszuüben, ist jedes Gespräch über Gerechtigkeit oder Rechte zu diesem Thema fehl am Platz. Die Menschen mögen zwar glauben, dass homosexuelle Beziehungen akzeptabel sind, aber sich auf Gerechtigkeit oder Rechte zu berufen, um diese Position zu untermauern, widerspricht der Schrift. «Sexuelle Intimität ist laut der Bibel nur innerhalb der Grenzen einer heterosexuellen Ehe legitim. Aus diesem Grund können homosexuelle Praktiken nicht als zulässiges Äquivalent angesehen werden, geschweige denn als göttliches Recht.»[23]

*Jesus sagte nichts über Homosexualität*

Manche weisen darauf hin, dass Jesus Homosexualität nie verurteilte, was ihnen zufolge als Seine indirekte Billigung verstanden werden kann. Diese Vorstellung beinhaltet aber zwei Probleme. Erstens, Jesus hat über *viele* Sünden nichts gesagt. So verurteilte Er beispielsweise nie Kindesmissbrauch, Bankraub oder Drogenmissbrauch. Dennoch sind diese Dinge eindeutig sündig. Jesus musste homosexuelles Verhalten nie verurteilen, weil jeder in der damaligen jüdischen Kultur wusste, dass es gegen das mosaische Gesetz war (s. 3Mo 18,22; 20,13).

Zweitens, Jesus sprach häufig über Sodom (und auch ein paar mal über Gomorra), um Seine Zuhörer vor dem drohenden Unheil zu warnen (s. Mt 10,14-15; 11,23-24; Lk 10,10-12; 17,26-30). Der Begriff *Sodomie* geht auf die homosexuelle Sünde Sodoms zurück. Jesus hätte Homosexualität befürwortet, ist ein Argument, das sich nur auf Sein Schweigen zu diesem Thema stützt, aber Seine zahlreichen negativen Bemerkungen über Sodom ausser Acht lässt.

## Anerkennung und Beifall

Wie wir gesehen haben, kann man nicht unvoreingenommen sagen, dass die Schrift homosexuelle Handlungen unterstützt oder sie nicht verurteilt. Homosexuelle, die ihre sexuellen Vorlieben ausleben, verstossen gegen den Willen ihres Schöpfers. Aber damit ist das Thema noch längst nicht zu Ende. Die Bibel verbietet gleichgeschlechtliche Beziehungen nicht nur, sie untersagt auch, dieses Verhalten zu billigen oder gutzuheissen. In Römer 1, wo Paulus gleichgeschlechtliche Beziehungen verbietet, kommt er auch zu dem Schluss: «Obwohl sie das gerechte Urteil Gottes erkennen, dass die des Todes würdig sind, welche so etwas verüben, tun sie diese Dinge nicht nur selbst, sondern haben auch Gefallen an denen, die sie verüben» (Röm 1,32).

Heute hat die Anerkennung gleichgeschlechtlicher Beziehungen und sogar homosexueller Ehen in der Gesellschaft und auch in der Gemeinde Einzug gehalten. Akzeptanz ist der Zustimmung gewichen, die wiederum von Beifallsbekundungen abgelöst wurde. Dieser Standpunkt ist mittlerweile so weit verbreitet, dass Personen, die Einwände erheben, zunehmend geächtet, verleumdet und mundtot gemacht werden. Pastoren, Gemeindeleiter und Denominationen im ganzen Land geben reihenweise ihre uneingeschränkte Zustimmung zu dem, was in unserer Gesellschaft vor sich geht, und überhäufen jene mit Verachtung, die anderer Ansicht sind. Das Böse wird gut genannt, und das Gute böse.

Römer 1,32 ist eine ernüchternde Warnung vor dieser Haltung. Die im vorangegangenen Kontext aufgeführten Sünden zu billigen und sie sogar gutzuheissen (inklusive gleichgeschlechtlicher Beziehungen), wird von Gott scharf verurteilt. Römer 1,32 sagt im Grunde, dass es *schlimmer* ist, Gefallen an diesen Sünden zu haben, als sie zu begehen. Wie kann das sein? Thomas Schreiner erklärt: «Die Person, die Böses tut, kann aufgrund der Leidenschaft des Augenblicks zumindest auf mildernde Umstände plädieren, auch wenn ihre Taten unentschuldbar sind. Wer andere jedoch ermutigt, Böses zu praktizieren, tut dies aus fester und leidenschaftlicher Überzeugung.»[24]

C. E. B. Cranfield, der bedeutende neutestamentliche Gelehrte, sagt: «Es ist auch eine Tatsache, dass jene, die die bösen Taten anderer stillschweigend dulden und sogar gutheissen, bewusst zur Bildung einer lasterhaften öffentlichen Meinung beitragen und somit zur Verderbtheit einer unbestimmten Zahl anderer Menschen.»[25] Wenn Menschen «Gefallen [haben] an der Sündhaftigkeit anderer ... ist die Bosheit auf den tiefsten Stand gesunken».[26]

Was wir heute sehen, veranschaulicht diesen Grundsatz. Der Beifall übertönt die Stimme der Missbilligung. Laut Römer 1,32 beteiligen sich jene, die das Urteil des Obersten Gerichtshofs zur Legalisierung der gleichgeschlechtlichen Ehe begrüssen, an einem noch grösseren Übel als diejenigen, die sich der Sünde der Homosexualität schuldig machen. Das ist ernüchternd. Es ist die unterste Sprosse der Leiter. Wenn dieser Punkt in dem Masse erreicht ist, wie wir es heute miterleben, dann muss der letzte, in der Schrift prophezeite Abfall direkt um die Ecke lauern.

## Der letzte Abfall

Die homosexuelle Revolution ist in den letzten zwanzig Jahren wie eine Flut über uns hereingebrochen. Eine rote Linie wurde überschritten, was nur wenige für möglich gehalten hatten. Im Zuge dieses Abfalls hat die Gesellschaft dieses Verhalten bereits in sich aufgenommen und akzeptiert und ist darüber hinaus zu jeder vorstellbaren Form der geschlechtlichen Verwirrung übergegangen. Nichts scheint mehr tabu zu sein. Jeder tut, was recht ist in seinen Augen. Fragen zu Geschlecht und Identität sind die neuen Modethemen. In einem kürzlich erschienenen Artikel stellte ABC News 58 Geschlechter fest, aus denen Facebook-Nutzer auswählen können.[27] Einige sprechen sogar von mehr als 58 verschiedenen Geschlechtsidentifikationen. Die Frage wurde gestellt: Haben wir das Ende der geschlechtlichen Identität erreicht? Viele Internetseiten haben jede Frage nach dem Geschlecht gestrichen, weil sie sie nicht alle aufführen können oder nicht sicher sind, wie viel sie zur Auswahl anbieten sollen. Es gibt sogar schon geschlechtsneutrale Bibelübersetzungen. Homosexualität war nur der Anfang – der Startschuss. Nachdem der Mensch Gott verloren hat, hat er sich nun auch selbst verloren. Wohin führt das alles?

Jesus sagte, in den letzten Tagen vor Seinem zweiten Kommen würde die Welt so sein wie in den Zeiten Lots in der Stadt Sodom:

> Ebenso ging es auch in den Tagen Lots zu: Sie assen, sie tranken, sie kauften und verkauften, sie pflanzten und bauten; an dem Tag aber, als Lot aus Sodom wegging, regnete es Feuer und Schwefel vom Himmel und vertilgte alle. Gerade so wird es sein an dem Tag, da der Sohn des Menschen geoffenbart wird (Lk 17,28-30).

Was heute geschieht, ist kein Zufall. Der Teufel führt einen globalen Angriff gegen Gott und den Menschen an, um dem letzten Abfall vom Glauben, wie er in 2. Thessalonicher 2,2-3 vorausgesagt wird, den Weg zu bahnen. Wir stehen unmittelbar davor. Das könnte der Anfang vom Ende sein.

Christus kommt möglicherweise schon sehr bald!

## Sein Wort, das letzte Wort

Fragen zu gleichgeschlechtlichen Themen – eine einzige kontroverse Realität – haben tief greifende Auswirkungen auf die Gemeinde und einzelne Christen, die entweder nicht wissen, was sie glauben oder wie sie darauf biblisch reagieren sollen. Wir haben in diesem Kapitel gesehen, dass wir nicht gutheissen können, was Gott missbilligt. Die Gemeinde Jesu Christi ist der Ort, an dem wir alle lernen können, nein zur Sünde zu sagen, und an dem wir geistliche Hilfe für ein gottgefälliges Leben bekommen können. Jeder Gläubige muss das Kreuz aufnehmen, sich selbst sterben und Jesus nachfolgen trotz der Sünden, in denen wir uns immer wieder verfangen. Bei diesem Thema stehen wir heute nicht vor der Wahl, ob wir sündiges Verhalten stillschweigend dulden oder uns lautstark empören. «Es gibt keinen anderen Weg. Es ist möglich, Liebe zu zeigen und gleichzeitig die lebensverändernde Wahrheit auszusprechen. Es ist nur nicht leicht.»[28]

Während der Teufel seinen letzten wütenden Angriff gegen die Wahrheit organisiert und jeglichen Überrest von Moral auszulöschen versucht, können wir demütig in dem Wissen ruhen, dass Gott diejenigen ehrt, die sich auf Ihn verlassen, Seinem Willen gehorsam sind und andere liebevoll zu denselben Dingen ermutigen.

Dawson Trotman, Gründer der Navigators, verwendete vier Buchstaben für sein allabendliches Studium des Wortes Gottes: HWLW. Wenn er am Abend mit seiner Frau oder einer Gruppe von Menschen zu Hause war und die Unterhaltung abnahm, endete er mit «HWLW» – His Word, the Last word (dt. Sein Wort, das letzte Wort). Einer von ihnen trug ein Wort aus der Schrift vor und sie gingen zu Bett. Trotman machte dies zu einer Angewohnheit, um die letzten Gedanken des Tages dem Herrn zu widmen.

Das ist eine grossartige Angewohnheit, den Tag zu beenden, und eine ebenso effektive Methode, den Themen unserer Zeit zu begegnen. Bei jeder Lebensfrage sollte unsere Haltung «HWLW» sein – «Sein Wort, das letzte Wort».

Während wir auf Sein Kommen warten, möge das Wort Gottes das letzte Wort haben in unserem Leben, unseren Familien, unserer Nation und in Seiner Gemeinde.

## Fussnoten

1 Obergefell v. Hodges, 576 S. Ct. at 22 (2015).

2 The Associated Press, «Presbyterian Church Leaders Declare Gay Marriage Is Christian», *NBC News*, 20. Juni 2014, http://www.nbcnews.com/news/us-news/presbyterian-church-leaders-declare-gay-marriage-christian-n136256.

3 «Tony Campolo's Gay Marriage Support Highlights Divide», *CBN News*, 12. Juni 2015, http://www1.cbn.com/cbnnews/us/2015/June/Campolos-Gay-Marriage-Support-Highlights-Divide.

4 «Rob Bell Suggests Bible Not Relevant to Today's Culture», *CBN News*, 19. Februar 2015, http:// www1.cbn.com/cbnnews/us/2015/February/Rob-Bell-Suggests-Bible-Not-Relevant-to-Todays-Culture.

5 Rachel Held Evans, «For the Sake of the Gospel, Drop the Persecution Complex», *Rachel Held Evans* (Blog), 15. Juli 2015, http://rachelheldevans.com/blog/persecution-complex.

6 In einem vor Kurzem aufgetauchten Beispiel postete ein unter Evangelikalen einflussreicher Blogger folgende Botschaft auf Facebook: «Nach unserem wunderschönen Event heute kam eine Frau auf mich zu und sagte: ‹Ich habe mein ganzes Leben darauf gewartet, dass jemand aus der Gemeinde kommt und die Worte spricht, die Sie heute gesprochen haben.› ... Ich sagte ... es ist höchste Zeit, dass Christen ihre Arme, ihre Gemeinden, ihre Tische, ihre Häuser weit öffnen für die Gemeinschaft der Lesben und Schwulen. Unsere Verurteilung und Ausschliessung hat ein so grosses Ausmass angenommen, dass die Wahrscheinlichkeit eines Selbstmords unter homosexuellen christlichen Jugendlichen SIEBEN MAL grösser ist. Nein. Nein, Madam. Nicht mit mir. Nicht mehr. Das ist so weit vom Evangelium Jesu entfernt, dass ich es nicht anerkennen kann. Ich kann es nicht. Ich werde es nicht. Ich weigere mich. Was immer die Kosten und Verluste sein mögen, das ist mein Standpunkt. Homosexuelle Jugendliche? Homosexuelle Erwachsene? Mütter und Väter von wertvollen homosexuellen Teenagern? Freunde und geliebte Nachbarn von jedem aus der Homosexuellenbewegung? Hier sind meine weit geöffneten Arme. ... Ihr seid so ungeheuer wichtig und euer Leben ist wertvoll und wunderbar. Da ist nichts ‹falsch an euch›, oder jedenfalls nicht mehr richtig oder falsch als an jedem von uns, was heissen soll, wir alle sind hoffnungslos verkorkst, aber Jesus liebt uns alle grundlos und will uns alle neu und ganz machen und uns wiederherstellen.» Gepostet am 23. April 2016, https://www.facebook.com/permalink.php?story_fbid=946752262090436&id=203920953040241.

7 Christian Smith, *Soul Searching: The Religious and Spiritual Lives of American Teenagers* (New York: Oxford University Press, 2009), S. 171.

8 Ebd.

9 S. 1. Mose 19 (Sodom wurde für seine Sünde ausgelöscht); 3. Mose 18,22 (Homosexualität wird als «Gräuel» bezeichnet); 3. Mose 20,13 (sie soll mit dem Tod bestraft werden).

10 «Campolo's Gay Marriage Support», *CBN News*.

11 Glenn R. Kreider und Thomas M. Mitchell, «Kindness and Repentance: Romans 2:4 and Ministry to People with Same-Sex Attractions», *Bibliotheca Sacra* 173 (Januar-März 2016): 60.

12 Siehe John Stott, *Same-Sex Partnership? A Christian Perspective* (Grand Rapids, MI: Revell, 1998), S. 18.

[13] Kevin DeYoung, *What Does the Bible Really Teach about Homosexuality?* (Wheaton, IL: Crossway, 2015), S. 55.
[14] Ebd., S. 22.
[15] Ebd., S. 63-65.
[16] Ebd., S. 77.
[17] Thomas E. Schmidt, *Straight & Narrow? Compassion & Clarity in the Homosexuality Debate* (Downers Grove, IL: InterVarsity Press, 1995), S. 64.
[18] Peter Coleman, *Christian Attitudes to Homosexuality* (London: SPCK, 1980), S. 101.
[19] Rod Dreher, «What If Rachel Held Evans Is Wrong?» *Real Clear Religion*, 15. Mai 2012, http://www.realclearreligion.org/articles/2012/05/15/what_if_rachel_held_evans_is_wrong_106490.html.
[20] John Stott, *Same-Sex Partnership?*, S. 54.
[21] Ebd., S. 54-55.
[22] Stott, *Same-Sex Partnership?*, S. 57.
[23] Stott, *Same-Sex Partnership?*, S. 58.
[24] Thomas R. Schreiner, *Romans*, Baker Exegetical Commentary on the New Testament, Hrsg. Moses Silva (Grand Rapids, MI: Baker Books, 1998), S. 99-100.
[25] C. E. B. Cranfield, *The Epistle to the Romans*, The International Critical Commentary, Hrsg. J. A. Emerton und C. E. B. Cranfield, Bd. 1 (Edinburgh: T&T Clark, 2006), S. 135.
[26] Robert H. Mounce, *Romans*, The New American Commentary, Hrsg. E. Ray Clendenen, Bd. 27 (Nashville: Broadman & Holman, 1995), S. 86.
[27] Russell Goldman, «Here's a List of 58 Gender Options for Facebook Users», *ABC News*, 13. Februar 2014, http://abcnews.go.com/blogs/headlines/2014/02/heres-a-list-of-58-gender-options-for-facebook-users.
[28] Chelsen Vicari, «Jen Hatmaker, Blurry Lines, and Transformative Truth», *Faith & Chelsen* (Blog), Patheos, 26. April 2016, http://www.patheos.com/blogs/faith-chelsen/2016/04/jen-hatmaker-blurry-lines-and-transformative-truth. Eine exzellente Darstellung unserer Reaktion auf Menschen, die sich zu Personen desselben Geschlechts hingezogen fühlen, findet sich in Glenn R. Kreider und Thomas M. Mitchell, «Kindness and Repentance: Romans 2:4 and Ministry to People with Same-Sex Attractions», *Bibliotheca Sacra* 173 (Januar-März 2016): 57-79.

KAPITEL 8

# WIRD SICH DER WAHRE JESUS DURCHSETZEN?

*Da spricht [Jesus] zu ihnen: Ihr aber, für wen haltet ihr mich?*
Matthäus 16,15

Jesus Christus ist die wichtigste, revolutionärste und umstrittenste Person in der Menschheitsgeschichte. Darüber gibt es keine Diskussionen. Dieser eine Mensch erreichte in Seinem kurzen Leben mehr als Könige und Weltreiche im Lauf der Jahrhunderte. Und obschon die Bibliotheken der Welt angefüllt sind mit ganzen Bänden, die über Ihn und Seinen Einfluss auf die Menschheit geschrieben wurden, ist ein Werk zu einem Klassiker geworden. In seinem unvergesslichen Gedicht «One Solitary Life» (Ein einzelnes Leben) beschreibt Dr. James Allan Francis die bescheidenen Anfänge und den schmachvollen Tod Jesu. Aber er erzählt auch von Seinem beispiellosen Einfluss:

*Neunzehn Jahrhunderte kamen und gingen*
*Und heute ist Jesus die zentrale Figur der menschlichen Rasse*
*Und der Anführer des Fortschritts der Menschheit*

*Alle Armeen, die je marschierten*
*Alle Marineeinheiten, die je in See stachen*
*Alle Parlamente, die je tagten*
*Alle Könige, die je herrschten*
*Haben zusammengenommen das Leben der Menschen auf*
*Erden nicht so beeinflusst*
*Wie dieses eine einzelne Leben.*[1]

Doch trotz des gewaltigen Einflusses Jesu auf Geschichte und Menschheit herrscht heute eine weitverbreitete Verwirrung darüber, wer Er eigentlich war ... und ist. Es gibt sogar einige, die behaupten, dass Er nie wirklich existierte.[2] Und dann sind da jene wie der Autor Bart Ehrman, die meinen, dass Jesus nie behauptete, Gott zu sein, sondern die aufgezeichneten Behauptungen nichts weiter waren als eine Legende, die Seine Nachfolger nach Seinem Tod verbreiteten.[3]

Doch selbst unter denen, die glauben, dass Jesus Gott im Fleisch war, gibt es verschiedene Ansichten bezüglich Seiner Identität, Seines Auftrags sowie dessen, was Er erreicht hat. Innerhalb der Christenheit existiert eine Vielzahl von Bildern, die in den Köpfen derer herumschwirren, die sagen, sie würden Ihn kennen. Somit stellte sich im Lauf der Geschichte für jede neue Generation immer wieder die Frage: Wer *ist* Jesus Christus? Eine möglicherweise passendere postmoderne, theologische Frage wäre: «Wer ist Jesus *für dich*?»

Die allgemeine Wahrnehmung von Jesus verändert sich in der Gesellschaft und sogar in der Gemeinde. Der Jesus der Schrift wird einer Veränderung unterzogen, und in manchen Fällen einer sehr extremen. Nehmen Sie eine Umfrage in der Innenstadt oder auf dem Campus eines typischen Colleges und Sie werden wahrscheinlich einen überraschend hohen Prozentsatz von Leuten bekommen, die nicht die leiseste Ahnung von Seiner wahren Identität haben. Ich (Jeff) habe dies in England getan, wo die Antworten von jungen Menschen von «Ich habe keine Ahnung» bis «Ist das nicht der Typ, der zaubern konnte» reichten.

Aufgrund der immensen Säkularisation der Gesellschaft sehen wir, wie selbst das grundlegendste biblische Wissen über Jesus dramatisch nachlässt. Eine kürzlich von der Barna Group durchgeführte Studie ergab, weniger als 50 Prozent der zwischen 1974 und 1995 geborenen Personen glauben, dass Jesus Gott war, und 56 Prozent aus dieser Personengruppe glauben entweder, dass Er sündig war wie jeder andere Mensch, oder sie können keine klaren Angaben zu diesem Thema machen.[4]

Doch unter denen in Amerika mit einem Grundwissen über Christus haben viele lang gehegte Überzeugungen über den Sohn Gottes aufgegeben und favorisieren stattdessen eine neue Version von Ihm. Ihrer Ansicht nach ist Er reif für ein Upgrade – Jesus 2.0, ein neuer und verbesserter Christus für eine neue Generation. In einer Zeit einer neuen Spiritualität bedeutet Jesus heute alles, was man will, dass Er bedeuten soll – ein *kundengerechter* Erlöser für alle Menschen und Vorlieben, ein sich stets wandelnder Messias.

## Jesus gegen «Jesus»

Jede neue Generation ist verantwortlich, sich mit Gottes Offenbarung über sich selbst und Seinen Sohn zu befassen und auf sie zu reagieren. Da es jedoch an einem Verständnis fehlt, das fest in der Schrift verankert ist, ist die Wahrnehmung der Leute von Jesus verzerrt, verschwommen und entstellt. Stattdessen sind falsche Christusse aufgetaucht. Und die Werte, die in den verschiedenen Kreisen der christlichen Gemeinschaft vertreten werden, geben uns Einblick in die «Vorstellung von Christus», der sie folgen. Hier sind einige, von denen Sie möglicherweise gehört haben.

*Der Hipster-Jesus*
Der Hipster-Jesus ist cool und echt *chillig*. Schliesslich muss er das sein, wenn wir die Jeans und Bart tragende, Pabst Blue Ribbon trinkende Bevölkerungsgruppe über zwanzig erreichen wollen, oder? Der Hipster-Jesus ist ein gut aussehender, geschickter Typ, der sich zu helfen weiss. Er erzählt gerne. Ja, für ihn ist *alles* eine Geschichte. Er gibt den Armen zu essen und den Obdachlosen Almosen. Er setzt sich für Menschenrechte ein. In manchen Kreisen hat er sogar eine sozialistische Neigung, da viele aus jüngeren Generationen die frühe Gemeinde so sehen. Doch obwohl der Hipster-Jesus besonderen Wert auf Vielfalt legt, ist seine Anhängerschaft grösstenteils weiss. Und aus irgendeinem Grund kommt der Hipster-Jesus in armen Gegenden nicht allzu gut an. Dieser Jesus macht sich grosse Sorgen um die Umwelt und den Klimawandel. Er möchte, dass seine Anhänger den Planeten verantwortungsbewusst verwalten. Er recycelt und kauft seine Kleidung im Secondhandladen. Er mag Cafés und Independentmusik. Möglicherweise ernährt er sich glutenfrei. Er kümmert sich nicht so sehr um bestimmte Lehren oder darum, ob Pastoren auslegende oder themenbezogene Predigten halten. Sein Ding ist mehr die *allgemeine* Theologie, wenn überhaupt. Ihm liegt an einer Rückkehr zur traditionellen Liturgie.

*Der Gleichbehandlungs-Jesus*
Dieser Jesus ist viel liberaler als der Hipster-Jesus, auch wenn es an manchen Stellen Überschneidungen gibt. Er ist nicht an der «antiquierten Moral» interessiert, von der fundamentalistische Christen behaupten, die Schrift würde sie lehren. Wenn bestimmte Bibelverse nicht genau mit den sich weiter entwickelnden Überzeugungen oder gesellschaftlichen Praktiken in Bezug auf Geschlecht, Sexualität oder Ehe übereinstimmen, regt

sich dieser Jesus nicht auf, wenn sie neu ausgelegt oder ignoriert werden. Dem Gleichbehandlungs-Jesus kann nicht vorgeworfen werden, auf der falschen Seite der Geschichte zu stehen. Wer für den Gleichbehandlungs-Jesus ist, sagt, er stehe ganz und gar für Liebe und Inklusion ... natürlich nach seiner Definition. Sein Lieblingswort ist *alle*, und für seine Anhänger bedeuten Aussagen wie «wer auch immer kommen mag» und «so wie ich bin» nicht einfach nur, dass Jesus Sie so akzeptiert, wie Sie sind. Sie bedeuten, für ihn ist es vollkommen in Ordnung, wer auch immer Sie sein *wollen*. Wer an den Gleichbehandlungs-Jesus glaubt, verleiht Worten wie *Liebe* und *Hass* nicht nur eine neue Definition für ein neues Zeitalter, er ordnet verschiedene Sünden auch neu ein. Für ihn zählen Bigotterie und Diskriminierung zu den schlimmsten und abscheulichsten Vergehen, die man überhaupt begehen kann. Der Gleichbehandlungs-Jesus ist ein für soziale Gerechtigkeit kämpfender Superheld, der letzten Endes wahrscheinlich jeden in den Himmel führen wird. Andererseits könnte er es vorziehen, jene pharisäischen, eifernden bibeltreuen Konservativen draussen zu lassen.

*Der patriotische Jesus*

Dieser Jesus ist das ältere Gegenstück zu dem, der von den Hipstern dargestellt wird. Der patriotische Jesus ist ultrakonservativ, vor allem wenn es um moralische Fragen geht. Seine politischen Ansichten tendieren nach ganz rechts, und von seinen Anhängern darf erwartet werden, dass sie sich stark am politischen Prozess beteiligen. In den Gemeinden des patriotischen Jesus herrscht kein Mangel an politisch orientierten Predigten. Pastoren überlassen ihre Kanzeln regelmässig gleich gesinnten Politikern, die gerade zufällig in der Stadt sind. So gewinnen diese Politiker «die Stimme der Evangelikalen», wenn sie für «jüdisch-christliche Werte» oder moralische Themen eintreten, die die Sympathie dieser speziellen religiösen oder sozioökonomischen Bevölkerungsgruppe haben. Gelegentlich ignorieren diese Wähler einfach, dass es ihren Kandidaten an persönlichem Charakter fehlt, weil sie sich für die «richtigen» Sachen starkmachen.

Der patriotische Jesus liebt Amerika und hält es für die beste Nation, die er jemals gegründet hat. Es macht ihn glücklich, wenn sein Volk die amerikanische Flagge in der Gemeinde hisst und alle wirklich wichtigen patriotischen Feiertage einhält. In diesem Sinne ist dieser Jesus sehr amerikanisch. Seine Anhänger sprechen von Amerika als einer «Stadt auf einem Berg» und einem «Licht für alle Völker». Die Vereinigten Staaten werden als eine Art neues Israel oder ein kollektives Bundesvolk betrachtet. Es wird gesagt, dass Amerika eine «christliche Nation» sei, obwohl die Anhänger des patriotischen Jesus nicht klarmachen können, was das eigentlich bedeutet. Der patriotische Jesus unterstützt das US-Militär.

In vielerlei Hinsicht sieht der patriotische Jesus mehr aus wie ein Produkt Amerikas als eines des Himmels, viel irdischer als ewig. Er scheint mehr an vorübergehenden, nationalen Themen interessiert zu sein als an dem Schicksal der Seelen der Menschen. Dieser Jesus ist ganz offensichtlich weiss und in Haushalten der Mittel- oder oberen Mittelschicht beliebt.

*Karikaturen von Christus*

In unserer Gesellschaft gibt es noch viele andere Karikaturen von Christus, über die wir reden könnten, aber sie alle entsprechen nicht dem Erlöser, den wir in der Schrift finden.

Diese Christuskarikaturen sind so attraktiv, weil in diesen Interpretationen des fleischgewordenen Christus einige Aspekte der Wahrheit enthalten sind – Wahrheiten, die beim Lesen der Evangelien auffallen. Der Jesus der Bibel ist an sozialer Gerechtigkeit interessiert und sorgt sich um die Unterdrückten. Sexhandel, Gewalt und das barbarische Abschlachten von unschuldigen Babys erschüttert und erzürnt Ihn moralisch zutiefst. Und Er nimmt jeden an, der Seinen Namen anruft, um errettet zu werden. Und wenn Seine Kinder das Glück haben, in einer Demokratie zu leben, können und sollten sie sich am politischen Prozess beteiligen, insbesondere wenn ihre Regierung für gottlose Werte eintritt und die religiöse Freiheit bedroht. Der wahre Jesus ertrug den Zorn Gottes, um alle Sünder, die an Ihn glauben, von der Strafe und Macht der Sünde zu befreien.

Aber trotz der Punkte, in denen die zuvor erwähnten Karikaturen von Christus richtigliegen, zeigen sie uns nicht die Person Jesu als *Ganzes*, wie sie in der Schrift dargestellt wird. Ein *teilweiser* Jesus ist überhaupt kein Jesus. Wir können uns nicht die Teile von Ihm aussuchen, die uns gefallen, und die restlichen Aussagen der Schrift über Ihn ignorieren. Das Christentum ist kein Buffet mit biblischen Wahrheiten, an dem wir einmal schnuppern und die Dinge linksliegen lassen, die unseren persönlichen Geschmackstest nicht bestehen. Gott stellt die Speisekarte der Wahrheit zusammen, nicht wir.

Ausser dem verzweifelten Versuch, Jesus der nächsten Generation nahezubringen, ist in manchen Gemeindebewegungen zu beobachten, dass sie den Kern dessen, was Jesus ist, neu definieren wollen. Übertreibt es die Gemeinde in diesem Fall? Diese lose auf dem biblischen Jesus basierenden Karikaturen von Ihm sind so, als würde man sich durch einen schlechten Film schleppen, der «von wahren Ereignissen inspiriert» wurde oder «auf einem Buch basiert». In solchen Filmen haben die dargestellten Charaktere oft nur wenig oder gar keine Ähnlichkeit mit den eigentlichen Personen. Einige, die diese unvollständigen Christuskarikaturen fördern, mögen zwar ehrbare Motive haben, aber wenn wir unseren Christus gewaltsam in unsere

Kultur hineinzwängen wollen, erschaffen wir einen «Hybrid-Jesus», der besser zu der sich ständig verändernden Welt passt, aber weit vom wahren Jesus der Schrift entfernt ist. Diese Bilder von Jesus mögen eine gewisse Kraft haben, aber der Versuch, Ihm mehr Bedeutung zu verleihen, als Er ohnehin schon hat, erweist sich als gescheitertes Experiment. Das biblische Porträt von Jesus kann nicht verbessert werden.

Gott braucht keine Hilfe bei Seiner Theologie, und Er stottert auch nicht beim Sprechen. Wie Mose können wir gegen Seine Bekanntmachungen protestieren, aber ihre Glaubwürdigkeit können wir nicht bestreiten.

Das biblische Konzept von Christus zu verändern oder wegzudiskutieren, wenn auch nur im Geringsten, lässt unsere Sicht von Ihm verschwimmen und macht aus unserem unvollständigen, selbsterdachten Bild von Ihm ganz schnell einen Götzen.

## In den Fokus rücken

Wenn wir uns von dem Jesus der Schrift trennen, haben wir am Ende nicht nur einen falschen Jesus, sondern auch dem Evangelium seine Kraft genommen. Beraubt man Jesus eines Seiner Merkmale, bekommt man plötzlich einen ganz anderen Jesus. Dasselbe gilt ebenso für den Vater und den Heiligen Geist. Deshalb brauchen wir nicht eine «neue Sicht» von Christus, sondern eine viel biblischere.

In Seiner Ansprache an die sieben Gemeinden in der Offenbarung erneuert und behebt Jesus ihr verzerrtes Bild, indem Er ihnen eine unmissverständliche und klare Darstellung Seiner selbst gibt. Dort beschreibt Er sich als einen errettenden, liebevollen, verherrlichten, alles umfassenden, souveränen, den Tod besiegenden, das Schwert schwingenden, Gericht bringenden Herrn und König, der zurückkommen wird (s. Offb 1,4-18)! Sehen Sie Ihn so? Oder läuft Er immer noch in Sandalen herum, verteilt Fische und heilt Kranke? Die Sicht von dem auferstandenen, verherrlichten Christus in der Offenbarung ist sowohl grossartig als auch traumatisch, unglaublich und zur gleichen Zeit unvergesslich. Und erst *nachdem* Er ihnen diese Sicht vermittelt hat, beginnt Jesus, die Gemeinden streng, aber liebevoll zu tadeln. Folglich können wir nie zu den Christen werden, die wir sein sollen, oder unseren Auftrag richtig begreifen, wenn wir kein klares Konzept und Verständnis von dem haben, wer Jesus Christus ist.

Was würde Jesus heute zu den Gemeinden sagen, die nicht dafür bekannt sind, den Jesus aus der Offenbarung zu verkünden, sondern vielmehr für fröhliche Botschaften, grosse Besucherzahlen und ausgefeilte Bühnenpräsentationen stehen? Was würde Er zu Gemeinden sagen, in denen viel über *Beziehung* gesprochen wird, aber wenig über *Busse*? Wo gefeiert wird, ohne Opfer zu bringen? Freundschaft ein hoher Stellenwert eingeräumt wird, Seine Autorität als Herr aber vernachlässigt wird? Dort ist die Bedrohung durch den Abfall vom Glauben am subtilsten. Wie ein Haarriss in einem Fundament ist dies nur der Anfang eines letztlich katastrophalen Zusammenbruchs. Solange nicht ein vollständiges Porträt von Jesus im Kontext gelehrt, besungen, geglaubt und gefeiert wird, verfehlen wir das Ziel und ziehen das kürzere Streichholz der Geistlichkeit. Gott möchte, dass wir *alles* über Seinen Sohn wissen und annehmen, nicht nur die Teile, die uns gefallen. Wir müssen Ihn im Gesamtbild sehen und dürfen uns nicht einzelne Facetten Seines Lebens, Charakters und Dienstes aussuchen.

Die gute Nachricht ist: Es ist nicht uns überlassen, zu definieren, wer der Sohn Gottes ist. Diese Schwerstarbeit hat Gott schon für uns übernommen und uns in der geoffenbarten Schrift alles gegeben, was wir wissen müssen. Und das ist zu unserem Vorteil, denn unserem Urteilsvermögen können wir eh nicht vertrauen. Aufgrund der Auswirkungen der Sünde auf unseren Verstand und unsere Fähigkeit, geistliche Wahrheiten zu erfassen, hat Gott für uns das getan, was wir selbst niemals könnten – Er hat uns geholfen, herauszufinden, wie Er wirklich ist. Während Seines irdischen Dienstes weigerte sich Jesus, den Herzen und Absichten der Menschen zu vertrauen, auch nachdem einige «an Seinen Namen glaubten». Johannes berichtet: Jesus «aber vertraute sich ihnen nicht an, weil er alle kannte, und weil er es nicht nötig hatte, dass jemand von dem Menschen Zeugnis gab; denn er wusste selbst, was im Menschen war» (Joh 2,23-25).[5]

Jesus kennt die wahren Beweggründe des menschlichen Herzens. Und Er weiss, wenn wir unserer eigenen fehlerhaften Vorstellungskraft überlassen werden, dann liegen wir normalerweise falsch, wenn wir Gott beschreiben, verstehen oder erklären sollen. Er weiss, dass wir völlig unfähig sind, Ihn aus eigener Kraft zu finden und zu begreifen. Unser natürlicher Verstand ist verfinstert, wenn es darum geht, Seine Wahrheit zu verstehen (s. Jes 55,8-9; Röm 3,10-12; Eph 2,1-3; s. auch Röm 1,21; 1Kor 2,14). Auch nachdem wir zum Glauben gekommen sind, sind wir noch immer abhängig vom erhellenden Dienst des Heiligen Geistes, da wir dazu neigen, das Wort Gottes falsch auszulegen und auf subtile Weise zu verdrehen.

Aus genau diesem Grund gab Er uns die Bibel. Wenn wir uns mit ihr befassen, zeigt uns der Autor Seine Wahrheit; Er öffnet unseren Verstand, damit wir sie erfassen können. Der Heilige Geist «macht das Licht an» und gestattet es uns, klar zu sehen und vollständig zu begreifen (s. Joh 14,16-17.26; 16,13-14; s. auch Eph 1,17-18; 1Kor 2,10-16).

Ohne Gottes Offenbarung glauben wir letzten Endes vielleicht aus den falschen Gründen an Ihn. Oder was gleichermassen katastrophal wäre, der «Jesus», den wir uns aussuchten, würde auf eine fehlerhafte, selbstgeschaffene Wahrnehmung von Ihm zurückgehen. Das führt unter anderem zu dem unbeabsichtigten Ergebnis, dass unsere Erwartungen an Ihn unrealistisch oder unbiblisch werden, weil unser Verständnis oder unsere Schlussfolgerungen nicht der Bibel entsprechen. Statt dem Christus der Schrift nachzufolgen und Ihn anzubeten, würden wir eine unzureichende Kopie Seiner Person auf unsere Glaubenserfahrung projizieren. Dies sehen wir nicht nur an den falschen Christussen, die in den letzten Tagen aufgetaucht sind, sondern auch an den bereits erwähnten verzerrten Darstellungen von Ihm.[6]

Als Gläubige müssen wir uns davor hüten, einen Erlöser anzunehmen, der einfach unserem geistlichen Geschmack entspricht oder zu unseren theologischen, sozialen, moralischen und politischen Konstrukten passt. Obwohl dies menschlich ist, ist es dennoch ein Fehler.

Und eine Sünde.

Eine der Gefahren des Abfalls vom Glauben, den wir gegenwärtig miterleben, ist ein ungenauer und unvollständiger «Jesus». Da viele Ihn heutzutage nach ihren eigenen Wünschen geformt haben, ist Er zu einem «herbeigezauberten Christus» geworden: entfernt biblisch, aber mit all den praktischen Details, die sich die menschliche Vorstellungskraft ausgedacht hat. Er ist ein Gott, den wir uns selbst geschaffen haben, eine der Fantasie und nicht der Realität entsprungene Schöpfung. Wenn wir allerdings nicht verstehen, wer Jesus ist und warum Er gekommen ist, führt uns das tragischerweise zu einem falschen Schluss über das Wesen des Evangeliums. Brian McLaren, Theologe der Emerging Church Bewegung, ist einer von denen, die ein ungenaues Bild von Christus zeichnen. In seinem Buch *A New Kind of Christianity* (Eine neue Art von Christentum) schreibt er:

> Stattdessen kam [Jesus], um ein neues Reich zu verkünden, eine neue Art des Lebens, einen neuen Weg zum Frieden, der gute Nachrichten für alle Menschen jeder Religion beinhaltete. Ein neues Reich ist viel besser als eine neue Religion, und *es bietet Platz für viele religiöse Traditionen*. Diese gute Nachricht beinhaltete nicht nur eine neue Möglichkeit, die religiösen Probleme des ontologischen Sündenfalls und der Erbsünde zu lösen (Probleme, es sei noch einmal daran erinnert, die Jahrhunderte später und in einer völlig anderen Erzählung auftreten). Es waren nicht bloss Informationen darüber, wie einzelne Seelen die Erde verlassen, die Hölle vermeiden und nach dem Tod in den Himmel kommen können. Nein, es ging darum, dass der Wille Gottes für alle Menschen auf der Erde ebenso getan wurde wie im Himmel. Es ging um Gottes treue Solidarität mit der ganzen Menschheit in unserem Leid, unserer Unterdrückung und unserem Bösen.[7]

Diese Neudefinierung des Christentums ist kein neues Verständnis, sondern einfach nur ein unbiblisches. McLarens falsche Sicht von Jesus und Seinem stellvertretenden Sühneopfer macht deutlich, dass wir in den letzten Tagen unbedingt zu Gott und Seinem Wort zurückkehren müssen, um unser Verständnis von Seinem Sohn zu verändern.

## Beantworten Sie die Frage

Eine der angenehmen Ironien der Wahrheit ist, dass der souveräne, erhöhte Christus kein Problem hat, sich mit Sterblichen wie uns zu befassen. Im Gegenteil, Er identifiziert sich mit der ganzen Menschheit, mit Menschen aus jeder Rasse, jedem Stamm, jeder Sprache und Nation. Er versteht unsere Kämpfe, weil Er «Fleisch wurde und unter uns wohnte» (Joh 1,14; s. auch Röm 8,3; Phil 2,7).

Der Hebräerbrief erinnert uns:

> Da nun die Kinder an Fleisch und Blut Anteil haben, ist er gleichermassen dessen teilhaftig geworden. ... Daher musste er in jeder Hinsicht den Brüdern ähnlich werden, damit er ein barmherziger und treuer Hoherpriester würde in dem, was Gott betrifft, um die Sünden des Volkes zu sühnen; denn worin er selbst gelitten hat, als er versucht wurde, kann er denen helfen, die versucht werden (Hebr 2,14.17-18).
>
> Und noch einmal: Denn wir haben nicht einen Hohenpriester, der kein Mitleid haben könnte mit unseren Schwachheiten, sondern einen, der in allem versucht worden ist in ähnlicher Weise wie wir, doch ohne Sünde (Hebr 4,15).

Jesus weiss, was es bedeutet, auf der Erde zu leben. Er arbeitete, schwitzte, hatte Hunger und wurde versucht wie wir. Er kannte die ganze Gefühlspalette wie wir – Freude und Frieden, Traurigkeit, Enttäuschung und tiefste seelische Not. Er erlebte die Kränkung von denen, die Er am meisten liebte, verlassen zu werden, und Er identifiziert sich mit unserem mentalen Stress und unseren körperlichen Misshandlungen. Er blutete und starb. Er war zu hundert Prozent ein Mensch. Dies war einer der Gründe, weshalb Er vom Himmel herabkam und menschliche Gestalt annahm: um uns zu zeigen, dass Er wirklich versteht, was es heisst, einer von uns zu sein. Das macht Ihn zu einem mitfühlenden Erlöser (s. Röm 8,3; Hebr 2,17; 4,14-16).

Aber Er kam auch, um uns den Vater zu zeigen, die Errettung zu bewirken und unser Stellvertreter zu werden. Dadurch vertritt Er uns jetzt beim Vater (s. Joh 1,14.18; 2Kor 5,21; Tit 2,14; Hebr 7,25-27; 9,15). Und da Er sich mit uns identifiziert und uns *versteht*, dürfen wir Ihn nicht ständig in ein Wunschbild verwandeln, das uns passt.

Heute lautet die Frage nicht so sehr: «Versteht Jesus *uns*?», sondern vielmehr: «Verstehen wir *Ihn*?»

Genau das fragte der Herr Seine Jünger gegen Ende Seines irdischen Dienstes: «Für wen halten die Leute mich, den Sohn des Menschen?» Und nachdem sie Ihm berichteten, was sie aus den «sozialen Medien» ihrer Zeit gehört hatten, wurde Jesus persönlicher: «Ihr aber, für wen haltet *ihr* mich?»

Petrus, der hauseigene Sprecher der Zwölf, antwortete richtig: «Du bist der Christus, der Sohn des lebendigen Gottes!» (Mt 16,13-16).

Gute Antwort, Petrus. Du hast aufgepasst.

Aber Jesus stellte ihnen diese Frage nicht, um herauszufinden, wie Er Seinen Umgang mit ihnen noch effektiver gestalten konnte oder wie Er ihr bevorzugtes Bild von Ihm anpassen musste. (Diese jüdischen Jünger erwarteten, dass der Christus sie von der römischen Unterdrückung befreite und zu ihren Lebzeiten Sein irdisches Reich aufrichtete.) Vielmehr fragte Er sie, damit sie Ihm zeigen konnten, ob sie gedanklich ein genaues und richtiges Konzept von Ihm entwickelt hatten, ob *sie* die von Ihm gelehrte Wahrheit angenommen und sich zu Eigen gemacht hatten. Um ihre Wahrnehmung und ihr Verständnis von Jesus Christus zu formen, war es unbedingt erforderlich, dass sie das ganze Bild sahen und nicht nur Teile, die ihrer vorgefassten Meinung entsprachen. Ihre Schlussfolgerung?

Er war zu hundert Prozent Gott.

Und das ist Er noch immer. Es gibt nur einen Jesus, und das wird auch immer so bleiben. Er passt sich nicht an, entwickelt sich nicht oder verändert sich, sondern Er «ist derselbe gestern und heute und auch in Ewigkeit!» (Hebr 13,8). Und Sein Wort – nicht unsere emotionalen Bedürfnisse, kulturellen Trends, Gemeindewachstumsstrategien, missionarischen Philosophien oder theologischen Vorlieben – ist unsere massgebliche Quelle über Ihn.

Jesus ist so, wie die Schrift Ihn darstellt. Punkt. Etwas anderes zu behaupten, bedeutet, aus der klaren biblischen Darstellung über Ihn einen «Frankenstein»-Gott zu machen, den wir aus ausgegrabenen Teilen zusammengesetzt und auf unserer geistlichen Reise zusammengenäht haben. Deshalb wagen wir es nicht, den Jesus, der aus Wasser Wein machte, in eine verwässerte Version von Ihm selbst zu verwandeln. Aus diesem Grund überprüfen wir jeden Gedanken, jede Überzeugung und jede Lehre, sieben sie durch den Filter der Schrift, um herauszufinden, ob sie dem Wahren standhalten. Und wenn nicht, verwerfen wir sie, ganz gleich, wie attraktiv sie auch erscheinen mögen.

## Gott erleben

Zum Glück übergeht der Herr nicht unseren Verstand, um unser Herz zu erreichen. Selbst bei der kleinsten, kindlichen Entscheidung, Christus zu vertrauen, müssen wir zuerst etwas darüber wissen, wer Er ist und was Er getan hat. Somit können wir Jesus erst dann *erleben*, wenn wir etwas über Ihn *wissen*. Gott hat den Mensch mit Körper, Seele und Geist geplant und geschaffen (s. Ps 139,13-16). Und Er hat uns so gemacht, dass wir auf der Grundlage Seiner Offenbarung auf Ihn reagieren. Wir erleben Gott, wenn wir das glauben, was Er über sich selbst sagt. Jede andere praktische Erfahrung ist unbiblisch und eine Irrlehre.

Das ist ein Grund, weshalb Sein hohepriesterliches Gebet in der letzten Nacht vor Seiner Kreuzigung so inhaltsreich und lebensverändernd war. Denken Sie über die Worte nach, die Er in Johannes 17 für Seine Jünger (und für Sie) betete:

- «Dass sie dich ... *erkennen*» (V. 3).
- «Ich habe *deinen Namen* den Menschen *offenbar gemacht*, die du mir aus der Welt gegeben hast» (V. 6).
- «Sie haben dein *Wort* bewahrt» (V. 6).

- «Die *Worte*, die du mir gegeben hast, *habe ich ihnen gegeben*» (V. 8).
- «Sie haben *sie* [die Worte] *angenommen* und haben wahrhaft *erkannt*, dass ich von dir ausgegangen bin» (V. 8).
- Ich *«rede dies in der Welt*, damit sie *meine Freude völlig in sich haben*» (V. 13).
- «Ich habe ihnen *dein Wort* gegeben» (V. 14).
- «Heilige sie in deiner *Wahrheit*! *Dein Wort ist Wahrheit*» (V. 17).
- «Und ich habe ihnen *deinen Namen verkündet* ... damit die Liebe, mit der du mich liebst, in ihnen sei» (V. 26).

Sogar die Freude und Liebe, nach der wir uns alle sehnen, beginnt damit, Gottes Offenbarung über Jesus zu verstehen und anzunehmen! Abgesehen von der Schrift können wir praktisch nichts über Jesus Christus erfahren.[8]

Was glauben Sie also über Jesus Christus? Wie ist Er? Was hat Er getan? Welche theologischen Wahrheiten hat Er gelehrt? Was hat Er für Ihre Sünde getan? Wie können Sie wissen, wie Sie täglich mit Ihm leben sollen? Was müssen Sie wissen über Gott, das christliche Leben, den Teufel, die Welt, Ihre sündige Natur und darüber, wie Heiligung funktioniert? Was tun Sie, wenn Sie sündigen, und warum verlieren Sie nicht Ihre Errettung? Dies *alles* – und zahllose andere Themen – ist Teil der Lehre und Theologie. Und sie alle sind auf den Seiten Ihrer Bibel zu finden.

Sie können in der Zuversicht ruhen, dass Sie einen Gott haben, der ebenso heilig wie liebevoll, ebenso zornig wie gnädig ist. Der demütige Jesus aus den Evangelien ist derselbe wie der erhöhte, kommende und siegreiche Christus in der Offenbarung. Derselbe Jesus, der in Matthäus 5,3 «Glückselig sind die geistlich Armen» sagte, prophezeite in Matthäus 7,23 auch über den Tag, an dem Er sagen würde: «Ich habe euch nie gekannt;

weicht von mir, ihr Gesetzlosen!» Derselbe Jesus, der die Menschen aufforderte: «Kommt her zu mir alle, die ihr mühselig und beladen seid, so will ich euch erquicken!», prophezeite auch, dass einige «in die äusserste Finsternis hinausgeworfen werden; dort wird Heulen und Zähneknirschen sein» (Mt 11,28; Mt 8,12). Derselbe Christus, der in Johannes 11 Maria und Martha in ihrer Trauer tröstet, stiess in Johannes 6 Tausende von Nachfolgern vor den Kopf. Wir können nicht den einen Jesus ohne den anderen haben.

Er ist all das und noch viel mehr. Er ist ein und derselbe – ein vollständiger Christus, keine Sparversion Seiner selbst.

Seien Sie sich im Klaren, dass der biblische Jesus in diesen letzten Tagen permanent angegriffen wird. Wie wir bereits gesehen haben, wird Er als Erlöser dargestellt, der über Bosheit hinwegsieht; der die Menschen dazu bringt, dass sie sich gut in ihrer Haut fühlen; der Gesundheit, Glück und Wohlstand verspricht und der für Toleranz und Einheit statt für Unterscheidungsvermögen und Lehre eintritt. Dieser behelfsmässige Erlöser steht mehr für Sentimentalität und weniger für Souveränität. Der Jesus von heute heisst alle im Himmel willkommen, ungeachtet ihrer Religion. Einige haben die fantastische Behauptung aufgestellt, schon einmal im Himmel gewesen zu sein, und sie haben Jesus Christus ganz anders beschrieben als die Bibel. Und obwohl Millionen ihre zuckersüssen Erzählungen und gefühlsbetonten Lügen schlucken, sollten Sie nicht dazugehören.[9] Der Herr des Betrugs ist ein Meister darin, die Wahrheit über die Person zu verzerren, die ihn eines Tages in den Feuersee werfen wird (s. Offb 12,9; Offb 20,10).

Zukünftig werden noch viele falsche Dinge über Jesus gesagt, gepredigt, gebloggt, geschrieben und gesungen werden. Aber wir müssen an der Wahrheit Gottes festhalten und dürfen uns nicht von Irrlehrern und falschen Bildern von Christus beeinflussen lassen. Mit der Schrift als unserem Anker und Ruder werden wir nicht «hin- und hergeworfen und umhergetrieben von jedem Wind der Lehre durch das betrügerische Spiel der Menschen, durch die Schlauheit, mit der sie zum Irrtum verführen» (Eph 4,14).

Halten Sie sich mit Verstand und Herz an Gott und Sein Wort. Und sehen Sie zu, wie sich der wahre Jesus in Ihrem Leben durchsetzt und herausragt.

## Fussnoten

1 Diese Version von «One Solitary Life» wurde adaptiert von James Allan Francis, «Arise Sir Knight!» in *The Real Jesus and Other Sermons* (Philadelphia: The Judson Press, 1926), S. 123-124.

2 Kenneth Humphreys, *Jesus Never Existed: An Introduction to the Ultimate Heresy* (Chaleston, WV: Nine-Banded Books, 2014). Das ist natürlich die Sicht einer Minderheit, da nur sehr wenige glaubwürdige säkulare Historiker an der Historizität Jesu zweifeln oder sie abstreiten.

3 Warren Cole Smith, «A conversation with Bart Ehrman», *World*, 9. Januar 2015, https://world.wng.org/2015/01/a_conversation_with_bart_ehrman.

4 «What Do Americans Believe about Jesus», Barna Group, 1. April 2015, https://www.barna.org/barna-update/culture/714-what-do-americans-believe-about-jesus-5-popular-beliefs#.VyJyHmPwB2o.

5 Sie glaubten möglicherweise nur verstandesmässig an Jesus, ohne dass ihr Wille beteiligt war. Obwohl sie an Ihn «glaubten», «vertraute» (dasselbe griechische Wort) Er sich *ihnen* nicht an.

6 Nicola Menzie, «5 False ‹Messiahs› and Why Their Claims to Be Christ Contradict the Bible», *Church & Ministry*, The Christian Post, 6. Juni 2013, http://www.christianpost.com/news/5-false-messiahs-and-why-their-claims-to-be-christ-contradict-the-bible-97059.

7 Brian D. McLaren, *A New Kind of Christianity: Ten Questions That Are Transforming the Faith* (San Francisco: HarperOne, 2011), S. 139.

8 Durch die «allgemeine Offenbarung» (Schöpfung und Gewissen) können wir verstehen, dass Gott ein ewiges, mächtiges, moralisches und kreatives Wesen ist. Aber die Einzelheiten über den fleischgewordenen Christus können wir verlässlich nur durch die Schrift wissen.

9 Mehr zu diesem Thema findet sich in Mark Hitchcock, *Visits to Heaven and Back: Are They Real?* (Carol Stream, IL: Tyndale, 2015).

KAPITEL 9

# DAS HANDELN DER ABGEFALLENEN

*So habt nun acht auf euch selbst und auf die ganze Herde.*
Apostelgeschichte 20,28

Durch die wunderschöne walisische Landschaft winden sich endlose schmale, von Hecken umsäumte Wege. Diese kleinen Strassen sind so schmal, dass es einem Wunder gleichkommt, dass zwei Autos aneinander vorbeifahren können, ohne zusammenzustossen. Als ich (Jeff) vor ein paar Jahren zu Vorträgen in England war, unternahm unser Gastgeber mit mir und meiner Frau einen Tagesausflug in die Black Mountains in Wales. Während wir uns den Weg durch die Seitenstrassen dieses alten Landes bahnten, begegneten wir auf einer Hügelkuppe einem Schafhirten, der mit seiner Herde unseren Weg kreuzte. Wir mussten anhalten und kurbelten unsere Fenster herunter, um es besser sehen zu können. Der alte Farmer mit Holzstab, Gummistiefeln, einer Tweedjacke und passendem Hut führte seine Herde pflichtbewusst über die Landstrasse.

Begleitet von einem treuen Border Collie, blickte der Mann in unsere Richtung, pfiff plötzlich und die ganze Herde begann über die Strasse zu eilen. Er pfiff noch einmal, dieses Mal etwas anders, und die ganze Herde lief durch ein Tor auf eine eingezäunte Weide, alles mit Hilfe des Border Collies. Ich erinnere mich, wie erstaunt ich war, dass alles so leicht und mühelos erschien. Nur ein Pfiff, das kleinste Geräusch aus dem Mund dieses Mannes, und schon steuerten Dutzende von Mutterschafen, Lämmern und Böcken gehorsam auf eine grünere Wiese zu.

Eine der malerischsten Beschreibungen von Jesus ist die eines Hirten. Wieder einmal zeigt Er, wie brillant und effektiv Seine Kommunikation ist. Die Menschen zur Zeit Jesu kannten die Welt der Hirten und Schafe nur allzu gut, da es in dieser Kultur reichlich von ihnen gab. Und durch dieses vertraute Bild verdeutlicht der Herr auf wunderschöne Weise Seine Hirtenrolle in unserem Leben. Nachdem Er sich als «die Tür für die Schafe» (d. h., der einzige Weg zu Gott) bezeichnet hatte, sagte Er: «Ich bin der gute Hirte; der gute Hirte lässt sein Leben für die Schafe» (Joh 10,7.11). Und später: «Ich bin der gute Hirte und kenne die Meinen und bin den Meinen bekannt. ... Meine Schafe hören meine Stimme, und ich kenne sie, und sie folgen mir nach» (Joh 10,14.27). Doch anstatt Seiner Herde zuzupfeifen, ruft unser Herr persönlich «seine eigenen Schafe *beim Namen* und führt sie heraus» (Joh 10,3).

Was für ein Erlöser!

Diese intime Verbindung, die Jesus zu uns hat, hat viele Facetten, und alle sind zu unserem Nutzen. Als Hirte ist Er unser Beschützer, das geht sogar so weit, dass Er am Kreuz Sein Leben für uns gegeben hat (s. Joh 10,11). Er ist aber auch unser Ernährer, der uns zu stillen Wassern und grünen Auen führt. Laut Johannes 10,10 gibt Er uns ein Leben im *Überfluss*. Das ist teilweise der Grund, weshalb Er der gute Hirte genannt wird. Er will uns nur das Beste geben, weil Er uns kennt und liebt. Jesus Christus ist der «grosse Hirte der Schafe» (Hebr 13,20; s. auch 1Petr 2,25).

Der Schrift zufolge haben wir Schafe aber noch andere Hirten – «Unterhirten», wenn man so will –, denen Gott die Sorge um Sein Volk anvertraut hat. Wir nennen sie Pastoren.[1] Ein Pastor (oder Ältester) ist jemand, dem eine gewisse Aufsichtsverantwortung in der Gemeinde gegeben wurde. Diese Rolle und Verantwortung bringt die Pflicht mit sich, das Wort Gottes zu predigen und zu lehren. Das ist die wichtigste Methode, wie ein Pastor seine Herde, die Gemeinde, hütet, die Paulus als *den* «Pfeiler und die Grundfeste der Wahrheit» bezeichnet (1Tim 3,15; s. 1Tim 5,17). In einer gefallenen Welt ist es im Wesentlichen die Gemeinde, die Gottes Offenbarung vor den Menschen aufrechterhält, stützt und verteidigt. Ihre gottesfürchtige Anwesenheit und ihr Einfluss verhindern durch den innewohnenden Heiligen Geist momentan, dass Sünde, Verdorbenheit und Chaos auf der Erde überhandnehmen (s. 2Thes 2,6-7). Ein Pastor hat eine grosse Verantwortung, und er muss begreifen, dass es eine ehrenvolle und zugleich ernste Aufgabe ist, das Volk Gottes zu leiten.

Paulus erinnerte den jungen Pastor Timotheus an den Ernst und die Notwendigkeit dieser Pflicht und drängte ihn:

- Nähre dich «mit den Worten des Glaubens und der guten Lehre» (1Tim 4,6).
- Stelle sicher, dass die Schrift in der Gemeinde öffentlich vorgelesen wird und vergesse nicht «das Ermahnen und das Lehren» (1Tim 4,13).
- «Dies soll deine Sorge sein, darin sollst du leben» (1Tim 4,15).
- «Habe acht auf dich selbst und auf die Lehre» (1Tim 4,16).

In seinem letzten Brief an Timotheus ermahnt ihn Paulus noch stärker und schreibt:

> Daher bezeuge ich dir ernstlich vor dem Angesicht Gottes und des Herrn Jesus Christus, der Lebendige und Tote richten wird, um seiner Erscheinung und seines Reiches willen: Verkündige das Wort, tritt dafür ein, es sei gelegen oder ungelegen; überführe, tadle, ermahne mit aller Langmut und Belehrung!
>
> Denn es wird eine Zeit kommen, da werden sie die gesunde Lehre nicht ertragen, sondern sich selbst nach ihren eigenen Lüsten Lehrer beschaffen, weil sie empfindliche Ohren haben; und sie werden ihre Ohren von der Wahrheit abwenden und sich den Legenden zuwenden.
>
> Du aber bleibe nüchtern in allen Dingen, erdulde die Widrigkeiten, tue das Werk eines Evangelisten, richte deinen Dienst völlig aus! (2Tim 4,1-5).

Paulus' Worte machen deutlich, dass man entweder verrückt oder von Gott zum Pastor berufen sein muss! Der Apostel glaubte, dass Studium, Verständnis und Verkündigung der Wahrheit Gottes höchste Priorität in der Gemeinde haben sollten. Und das wird umso deutlicher, wenn man sich den Kontext seiner zuvor geschriebenen Worte ansieht: «Der Geist aber sagt ausdrücklich, dass *in späteren Zeiten* etliche vom Glauben *abfallen* und sich irreführenden Geistern und Lehren der Dämonen zuwenden werden» (1Tim 4,1). «In späteren Zeiten» bezieht sich hier auf die Zeit zwischen dem ersten Kommen Christi und Seiner Rückkehr für Seine Braut (s. Hebr 1,1-2; 9,26; 1Petr 1,20; 1Jo 2,18). In diesem Zeitraum leben wir momentan.

Und wie andere Zeichen der Endzeit wird dieser Abfall vom Glauben dramatisch zunehmen, je näher wir dem Tag der Offenbarung kommen (s. Mt 24,37; 2Thes 2,3-12; Hebr 3,12; 5,11–6,8;

10,25; 2Petr 3,3; Jud 1,18). Das mit «abfallen» übersetzte griechische Wort ist mit unserem Wort *Apostasie* verwandt. Und wie werden diese Leute laut Paulus den Glauben aufgeben? Indem sie «sich irreführenden Geistern und Lehren der Dämonen zuwenden». Das Ego zu befriedigen und die Menschen von Gott und Seiner Wahrheit wegzulocken, sind schon lange zwei der wichtigsten Strategien des Teufels. Die Schrift kennt ihn als den, «der den ganzen Erdkreis verführt» in der Endzeit (Offb 12,9). Er ist der «Vater der Lüge», der «Gott dieser Weltzeit» und der «Oberste der Dämonen», die selbst auch über die Finsternis herrschen (Joh 8,44; 2Kor 4,4; Lk 11,15; Eph 6,12).

Der Betrug des Teufels wird auch in seiner Fähigkeit sichtbar, sich als «Engel des Lichts» zu verkleiden. Dies bedeutet, dass er sich regelmässig den Anschein eines Boten der Wahrheit gibt. Daher ist es keine Überraschung, dass sich seine Knechte als «Diener der Gerechtigkeit» ausgeben. Paulus sagt, diese Boten sind in Wirklichkeit «falsche Apostel» und «betrügerische Arbeiter» (2Kor 11,13-15). Die Männer, über die Paulus hier schreibt, wollten Autorität, Respekt und Einfluss eines Apostels Christi, und sie benutzten gefälschte Empfehlungsschreiben, um Paulus' Dienst und Mission zu untergraben. Und obwohl es heute keine Apostel mehr gibt, hat es den Teufel nicht daran gehindert, Gottes Volk durch raffinierte, dämonisch-inspirierte Täuschungen und Lehren in die Irre zu führen. Und sogar durch einige Personen, die sich «Apostel» nennen.

## Die neuen Abgefallenen

Aber Irrlehrer fliegen nicht auf Besen in die Gemeinde, machen sich wie verrückt lustig über die Schrift und terrorisieren die Herde. Sie haben keine Hörner oder ein finsteres Lächeln auf den Lippen. Vielmehr verschaffen sie sich Eintritt durch Überredungskünste, Selbsthilfeprinzipien und charismatische Persönlichkeiten. Sie arbeiten mit cleveren und gut gestalteten Internetseiten und Blogs und versprechen ihren Anhängern das persönliche Paradies. Sie lächeln freundlich und sind gepflegt, attraktiv, nett, inspirierend, überzeugend und vor allem *marktfähig*. Ihr Auftrag ist es, Sie glücklich zu machen und Ihnen ein gutes Gefühl zu geben. Sie wollen Ihnen helfen, aus der Welt einen Ort zu machen, an dem «Gerechtigkeit, Frieden, Liebe und Gleichstellung» herrscht.[2] Natürlich wird dies alles neu definiert, sodass es in das sich ständig verändernde Wertesystem dieser Welt passt und Trost spendet.[3] Sie stellen Jesus wie eine Zauberformel dar, die andere, störende Merkmale Gottes und unangenehme biblische Wahrheiten irgendwie abschwächt.

Obschon diese Lehrer oft auf Christus und ausgewählte Bibelstellen verweisen, verbreiten sie doch ein neues Bild vom Christentum, das nicht mehr an die archaischen, einschränkenden, engstirnigen Glaubensüberzeugungen und Praktiken Ihrer Grosseltern gebunden ist. (Wir sind heute aufgeklärter als früher.) Die Welt hat sich verändert. Rachel Held Evans hat beispielsweise ganz offen «die alleinige Autorität, Unfehlbarkeit, Klarheit und innere Folgerichtigkeit der Bibel» angezweifelt.[4] Sogar die Regierung ist sich der Notlage der moralisch und sexuell Unterdrückten bewusst geworden und hat Gesetze und Verordnungen erlassen, die dafür sorgen, dass jeder, der sich dem «sozialen Fortschritt» und der «Gleichbehandlung» in den Weg stellt, an den Rand der Gesellschaft gedrängt und zum Schweigen gebracht wird.

Als Jünger Jesu sind wir natürlich überzeugt, dass *allein die Schrift*, nicht attraktive Lehrer, wie auch immer sie auftreten mögen, das letzte Wort über die Wahrheit, Geschichte und Zukunft zu sagen hat. Wer Christus nachfolgt, wird letzten Endes auf der richtigen (und gerechten) Seite der Geschichte landen, direkt neben Ihm, wenn Er in Herrlichkeit zurückkehrt (s. Offb 19,11-16). Bis dahin wird die Flut des Abfalls vom Glauben weiter ansteigen. Und auf dem Spiel stehen das Wesen und die Definition des Christentums. Aber nicht allein die *Institution* des Christentums ist in Gefahr. Es ist die *Seele* unseres Glaubens.

Was den christlichen Glauben von jeder anderen Religion, jedem Glaubenssystem und jeder persönlichen Philosophie unterscheidet, ist die Person Jesu Christi. Wenn Sie auch nur im Geringsten von dem abweichen, wer Er ist, steuern Sie auf den Abfall vom Glauben zu. Weil Er allein die Erlösung vollbrachte und aus den Toten auferstand, hat Er eindeutig bewiesen, dass Er Gott ist. Jedes Wort, das Er geäussert hat, ob im Alten Testament festgehalten, in Seinem irdischen Dienst gesprochen oder von Seinem Geist im Neuen Testament inspiriert, ist daher unbestreitbar und unveränderbar. Und jedes prophetische Wort von Ihm wird sich erfüllen, bis hin zum letzten und kleinsten Buchstaben. Wie Jesus selbst sagte: «Ihr sollt nicht meinen, dass ich gekommen sei, um das Gesetz oder die Propheten aufzulösen. Ich bin nicht gekommen, um aufzulösen, sondern um zu erfüllen! Denn wahrlich, ich sage euch: Bis Himmel und Erde vergangen sind, wird nicht *ein Buchstabe noch ein einziges Strichlein* vom Gesetz vergehen, bis *alles* geschehen ist» (Mt 5,17-18). Das ist eine klare Aussage mit eindeutigen prophetischen Auswirkungen.

Dennoch machen die Abgefallenen heute ebenso weiter mit ihrer schmeichlerischen Doppelzüngigkeit wie jene, die mit der Irrlehre flirten. Sie können stundenlang reden und doch nichts sagen und hinterlassen trotzdem den Eindruck, sie wüssten, wovon sie sprechen. Subtil, aber dennoch klar, untergraben, sabotieren und leugnen sie wesentliche Lehren und Inhalte des christlichen Glaubens wie die folgenden:

- Die Gottheit Jesu Christi
- Sein stellvertretendes Sühneopfer am Kreuz
- Jesus als den einzigen Weg zur Errettung und in den Himmel
- Errettung aus Gnade durch den Glauben
- Die Unfehlbarkeit der Schrift
- Das dreieine Wesen Gottes – Vater, Sohn und Heiliger Geist
- Die Existenz einer buchstäblichen Hölle und ewiger, bewusster Qualen
- Die übernatürliche Erschaffung des Universums, der Erde und des Menschen, wie sie in 1. Mose 1–2 beschrieben wird
- Das prophetische Wesen der Schrift
- Die Rückkehr Jesu Christi auf die Erde[5]

Und dies alles tun sie im Namen Gottes und natürlich der «Liebe».

Einige von denen, die sich zurzeit vom Glauben abwenden, verlassen sich auf «Eindrücke» und innere Stimmen, die sie leiten und ihnen die Wahrheit über Gott sagen. Das ist nicht dasselbe wie das innere Zeugnis und die Führung des Heiligen Geistes in jedem Gläubigen. Diese Stimmen und Eindrücke werden als ein zuverlässiges «Wort vom Herrn» beschrieben.

John MacArthur schreibt:

> Bewegt der Geist Gottes unsere Herzen und überzeugt uns von speziellen Pflichten oder Berufungen? Ganz sicher, aber dazu wirkt er durch das Wort Gottes. Solche Erfahrungen sind keineswegs prophetisch oder massgebend. Sie sind keine *Offenbarung*, sondern die Folge von *Erleuchtung*, wenn uns der Heilige Geist das Wort auf unser Herz legt und unsere geistlichen Augen für seine Wahrheit öffnet. Wir müssen uns gründlich davor hüten, dass unsere Erfahrung und unsere eigenen sub-

> jektiven Gedanken und Vorstellungen nicht die Autorität und die Gewissheit des umso festeren Wortes in den Hintergrund drängen.[6]

Ja, Gott führt uns aus unserem Inneren. Wir glauben jedoch, dass die direkte, göttliche und zuverlässige Offenbarung mit Abschluss des biblischen Kanons beendet war. Das Buch der Offenbarung war Gottes letzte Offenbarung (s. Hebr 1,1-2; Jud 1,3; Offb 22,18-19). Somit müssen angebliche «neue Wahrheiten» oder Offenbarungen Gottes aus anderen Quellen stammen, sei es menschlichen oder dämonischen Ursprungs.[7] Noch einmal, unsere Gedanken müssen in der Schrift gegründet und vom erleuchtenden Dienst und Zeugnis des Heiligen Geistes abhängig sein (s. Joh 14,16-17.26; 15,26; 16,13-14; Röm 8,9.16).

In unserer schnelllebigen Kultur werden Wahrheiten von gestern leider als überholt angesehen. Jeden Morgen bekommen wir neue Nachrichten über Twitter. Internetnews und Social-Media-Seiten wie Facebook spucken pausenlos neue Inhalte aus und aktualisieren sich in einem nie endenden Strom von Bildern und Posts. Warum also sollte uns nicht auch Gott frische, brandaktuelle Offenbarungen geben? Schliesslich verlangt unsere Generation danach, oder?

Da unsere Gesellschaft einen anpassenden und überredenden Einfluss auf unser Denken hat, ist die Schrift nicht länger «genug». Aus diesem Grund schlagen viele bekennende Christen die Bibel auf, als würden sie sich durch veraltete Bilder auf Instagram scrollen. Sie mögen zwar ein warmes, sentimentales Gefühl erzeugen, aber dennoch (unterbewusst) als «alte Nachrichten» angesehen werden. Doch diese Leute erkennen nicht, dass das Wort Gottes «lebendig und wirksam und schärfer ist als jedes zweischneidige Schwert, und es dringt durch, bis es scheidet sowohl Seele als auch Geist, sowohl Mark als auch Bein, und es ist ein Richter der Gedanken und Gesinnungen des Herzens» (Hebr 4,12).

Das Konzept der lebendigen, immerwährenden Wahrheit aus dem Wort Gottes ist in einer Zeit der ständig fliessenden Interaktion in den sozialen Medien verloren gegangen. Wir greifen zu unserem Smart Phone und praktisch alles hat sich in den letzten zwei Minuten verändert. Wenn wir aber die Bibel aufschlagen, liest sie sich noch immer so wie vor zwei Tagen, zwei Monaten, zwei Jahren oder zweitausend Jahren! Es läuft alles darauf hinaus, wie wir das Wesen des Wortes Gottes und Seine lebensverändernde Kraft verstehen. Nahezu jeder bekennende Christ hat eine Bibel, aber wie viele sind entsprechend ausgerüstet und inspiriert, sich in sie zu vertiefen? Oder vielleicht sind wir schon ein Produkt unserer Generation geworden, die entweder zu beschäftigt, zu faul oder zu abgelenkt ist, um die Zeit und Energie für ein Bibelstudium aufzubringen.

In Wirklichkeit ist die Bibel *viel* aktueller und relevanter als Ihre Nachrichten auf Twitter – denn Gottes Wort beurteilt nicht nur, was zurzeit in der Welt vor sich geht, sondern teilt uns auch mit, was passiert, *bevor* es passiert! Das ist eine ganz neue Art von Relevanz.

Wir müssen uns davor hüten, den Standpunkt «sola scriptura» (allein die Schrift) der protestantischen Reformatoren zu verlassen. Das heutige christliche Motto lautet eher «*manchmal* Scriptura» (begleitet von «wo immer meine Gefühle, mein Streben nach Glück und meine Selbstverwirklichung mich auch hinführen mögen»). Ohne eine bewusste und umfassende Rückkehr zum Wort Gottes wird die Gemeinde dem Abfall vom Glauben erliegen und in Lethargie, Gleichgültigkeit, Unreinheit und einem geistlichen Dornröschenschlaf versinken (s. Offb 3,1-2). In unseren Gemeinden etabliert sich schnell eine Kultur der Aktivität, Präsentation, Selbsthilfe und Kurzpredigt. Unsere Liebesaffäre mit unserem Ego muss enden und eine neu entfachte Liebe zu Jesus an ihre Stelle treten. Für *diese* Erweckung können Sie beten!

Da wir in einer Zeit sofortiger Befriedigung durch die Medien und oberflächlicher menschlicher Interaktion leben, müssen wir unseren Verstand umgewöhnen, sich mit der Schrift zu beschäftigen und ihre tägliche Relevanz und Anwendung auf unser Leben zu begreifen.

## Eine andere Art von Abkehr

Bei anderen ist diese Abkehr vom Glauben viel schwieriger festzustellen. Lesen Sie die lehrmässigen Aussagen vieler Gemeindepastoren und -leiter von heute, und Sie werden schwerlich Punkte finden, die nicht übereinstimmen. Sie scheinen alle biblisch und legitim.

Aber Orthodoxie und Integrität bestehen nicht nur aus lehrmässigen Aussagen.

Vor nicht allzu langer Zeit machte ich (Jeff) mich auf den Weg zu einem Vortrag. Als ich an Bord meines Fliegers gehen wollte, stand in der Warteschlange vor mir ein Mann mittleren Alters zusammen mit einem viel jüngeren Mann im Collegealter. Der ältere Mann war von Kopf bis Fuss in Schwarz gekleidet – schwarze Lederschuhe, schwarze Hosen, schwarzer Pullover und glattes, schwarzes Haar. Der jüngere Mann trug einen grossen, vollen Rucksack. Der ältere Herr hatte nur ein Mobiltelefon in der Hand. Zufällig hörte ich ihr hitziges Gespräch mit an. Eigentlich sprach nur einer von ihnen. Der Collegebursche stand einfach nur da. Die Zurechtweisungen des älteren Mannes machten schon bald klar, dass der Jüngere sein persönlicher Assistent war und einen schweren Fehler begangen hatte. Während er wiederholt mit dem Finger auf den jüngeren Mann zeigte, wurde das Gesicht des Chefs immer röter.

Ich weiss noch, wie ich dachte: *Nur noch wenige Sekunden, dann schlägt er ihn.*

Schliesslich gingen wir an Bord des Flugzeugs und die (öffentlichen) verbalen Prügel waren beendet. Als ich mich zu meinem Sitz vorgearbeitet hatte, stellte ich entmutigt fest, dass ich in der Nähe des Mannes in Schwarz sass. Der Collegebursche hatte hinter ihm Platz genommen, mir gegenüber.

*Mach dir keine Sorgen*, dachte ich. *In fünf Minuten bist du sowieso eingeschlafen.*

Und dann hörte ich die Stimme einer Frau, die dem Mann zurief.

«Hallo, Herr Pastor! Ich wusste gar nicht, dass Sie diesen Flug gebucht haben. Was für ein Zufall. Ich muss Ihnen einfach sagen, wie sehr ich Ihre Botschaft letzte Woche *geliebt* habe. ...» An diese einleitenden Worte schloss sich ein ganzer Schwall von Komplimenten, Platitüden und Lob an.

Das Gesicht des Mannes in Schwarz erhellte sich, und er lächelte kurz, bevor er schnell in den «Dienermodus» schaltete. Seine Stimme nahm einen weichen Tonfall an, während er mit dem Kopf nickte und die Schmeicheleien der Frau würdigend anerkannte. Unterdessen telefonierte der Collegejunge, vermutlich mit dem Gemeindeamt. Dabei fand ich die «unvergebbare Sünde» dieses jungen Mannes heraus: Er hatte vergessen, die Abholung vom Flugplatz zu arrangieren. Nach dem Anruf liess sich der geprügelte und besiegte junge Mann in seinen Sitz fallen und starrte aus dem Fenster.

Dieser Pastor mag dieselben wesentlichen Glaubensinhalte und Lehren vertreten wie ich. Und ich bin mir sicher, dass er sich für einen hingegebenen Nachfolger Jesu hält. Das war an diesem Tag aber leider nicht in seinem Verhalten zu erkennen.

Natürlich kenne ich nicht das Herz des Mannes. Und vielleicht hatte er auch nur einen ganz schlechten Tag, oder es gab andere mildernde Umstände. Möglicherweise war es ausgerechnet der einzige Tag des Jahres, an dem er in der Öffentlichkeit seine Geduld verlor. Das zu beurteilen, liegt bei Gott.

Was ich aber mit Sicherheit sagen kann, ist, dass es laut Jesus Menschen gibt, die nicht nur «spezielle Augenblicke» haben, in denen sie den schmalen Weg verlassen. Sie sind weit vom Weg abgekommen, da sie mit ihrem ganzen Leben ihre Glaubensüberzeugungen verraten. Für sie ist es nicht nur eine isolierte Szene aus einem Film, sondern der ganze Film, der ihren wahren Charakter zeigt und deutlich macht, wo ihre Loyalität liegt.

Nachdem Er Seinen Nachfolgern den schmalen Weg erklärt und darüber gesprochen hatte, dass «es wenige sind, die ihn finden», sagte Jesus:

> Nicht jeder, der zu mir sagt: Herr, Herr! wird in das Reich der Himmel eingehen, sondern wer den Willen meines Vaters im Himmel tut. Viele werden an jenem Tag zu mir sagen: Herr, Herr, haben wir nicht in deinem Namen geweissagt und in deinem Namen Dämonen ausgetrieben und in deinem Namen viele Wundertaten vollbracht? Und dann werde ich ihnen bezeugen: Ich habe euch nie gekannt; weicht von mir, ihr Gesetzlosen! (Mt 7,21-23).

Wenn die Verlorenen vor den grossen weissen Thron Christi gerufen werden, wird sich das ganze Ausmass des Abfalls vom Glauben zeigen (s. Offb 20,11-15). Und unter den Zurückgewiesenen werden sich auch Personen *aus* der Gemeinde befinden, die sagen, sie wären Christen gewesen. Auf der Erde haben sie sich zu Christus bekannt und sogar an übernatürlichen Taten und Erfahrungen teilgenommen – sie haben geweissagt, Dämonen ausgetrieben und Wunder vollbracht. Ganz gewiss ein beeindruckender religiöser Lebenslauf. Aber zu dieser speziellen Personengruppe wird Christus die schrecklichsten Worte sprechen, die menschliche Ohren je gehört haben.

## «Ich habe euch nie gekannt; weicht von mir»

Bei der Errettung geht es um eine *Beziehung* zu Jesus Christus. Ein Christ ist per Definition jemand, der Christus kennt und von Ihm gekannt wird (s. Joh 10,14; 17,3; Phil 3,8; 1Jo 2,3; 5,20). In der oben zitierten Stelle aus Matthäus 7 sagt Jesus: Weil sie vom wahren Glauben abgewichen[8] sind, haben sie bewiesen, dass sie nie wirklich errettet waren. Sie hatten nie eine echte Beziehung zu Ihm, auch wenn sie scheinbar grosse christliche Dinge taten. Es existierte eine Glaubensfassade, aber keine Realität dahinter. Daher wird Er sie aus Seiner Gegenwart entfernen. Ähnliche Warnungen gelten denen, die «einmal erleuchtet» wurden und das Wort Gottes «geschmeckt» haben, aber «dann abgefallen sind» (s. Hebr 6,4-6).

Sie sind das «Unkraut mitten unter dem Weizen» (s. Mt 13,24-30). Wölfe unter Schafen. Unkraut im Garten. Sie mögen wie Jünger aussehen und dasselbe glauben wie der Rest. Sie sind kaum zu unterscheiden von anderen Christen, da sie sich jetzt nahtlos mit dem Leib Christi vermischen. Aber im Gericht werden sie von jeder Verbindung mit Christus getrennt. Sie sind *Judasse*, falsche Bekehrte, Hochstapler, Fälschungen (s. 1Jo 2,19; Jud 1,20-24).

Und das Allertraurigste ist, sie erkennen es nicht einmal.

Unter ihnen ragen die falschen Lehrer heraus, die Tausende in die Irre führen. Sie geben sich als Lehrer der Wahrheit und manchmal sogar als Propheten aus, aber Jesus sagt, dass sie nicht mehr als «blinde Führer» sind (s. Mt 23,16.17.19.24.26). So blind, dass sie weder die Wahrheit noch ihr eigenes Versagen, in ihr zu bleiben, sehen können. Jesus nimmt kein Blatt vor den Mund und nennt diese geistlichen Gurus und Führer «Söhne der

Hölle», «Narren», «Heuchler», «getünchte Gräber», «Schlangen» und «Otterngezücht» Und Er sagte ihnen, dass sie nicht in das Reich der Himmel kommen würden (s. Mt 23,13-36; Lk 11,52).

So sagt uns Jesus, was du *wirklich* denkst!

Auch Judas warnt uns in seinem prophetischen Brief vor diesen falschen Lehrern:

> Diese sind Schandflecken bei euren Liebesmahlen und schmausen mit euch, indem sie ohne Scheu sich selbst weiden; Wolken ohne Wasser, von Winden umhergetrieben, unfruchtbare Bäume im Spätherbst, zweimal erstorben und entwurzelt, wilde Wellen des Meeres, die ihre eigene Schande ausschäumen, Irrsterne, denen das Dunkel der Finsternis in Ewigkeit aufbewahrt ist (Jud 1,12-13).

Harte, scharfe Worte. Aber manchmal ist die Wahrheit so, weil viel auf dem Spiel steht und es die Reinheit der kostbaren Braut Jesu zu schützen gilt.

Zu den wichtigsten Prioritäten der heutigen Irrlehrer gehört, grosse Mengen an Nachfolgern um sich zu scharen und nationale und internationale Missionswerke ins Leben zu rufen. Und das mit voller Absicht. Einige bekannte, in der Öffentlichkeit stehende Pastoren überzeugen ihre Gemeinden sogar, Hunderttausende von Dollar für ihre Bücher auszugeben, um den Verkauf künstlich in die Höhe zu treiben und so einen falschen Eindruck vom Erfolg der Bücher zu vermitteln. Diese Verkaufsstrategie soll den *individuellen* Verkauf ankurbeln, um ein Buch auf die Bestsellerliste der *New York Times* zu bringen. Es ist ein «Spiel», das heute manchmal von Pastoren von Megagemeinden angewandt wird. Obwohl es nicht illegal ist, ist es doch irreführend und beweist einen Mangel an gottesfürchtiger Integrität.

Eines der Nebenprodukte dieses christlichen Persönlichkeitskultes ist, dass er die vielen ungeschulten und schlecht ausgerüsteten Gemeindebesucher ausnutzt (und von ihnen abhängig ist). Mit anderen Worten, ahnungslose, unschuldige Schafe. Und leider geht der Vorrat an ihnen nie aus. Wenn Menschen in Führungspositionen, die durch ihre Schriften und Reden Einfluss nehmen, vom Glauben abfallen, ziehen sie Scharen von leichtgläubigen Anhängern mit sich. Und da viele ernsthafte Pastoren ihren Leuten kein biblisches Urteilsvermögen vermitteln, wächst dieses Phänomen weiter. Falsche Lehrer sind aalglatte Redner und exzellente Selbstdarsteller. Sie können hervorragend präsentieren, überzeugen, unterhalten und die Menschen manipulieren ... um «des Reiches willen», wie sie sagen würden. Viele wissen ganz genau, was sie tun, und haben ihre Botschaften bis ins kleinste Detail geplant und strukturiert, um dem Verstand und den Gefühlen ihres Publikums zu schmeicheln. Sie sind sehr geschickt in dem, was sie tun. Leider werden ihre «Machtdemonstrationen» oft mit dem «Wirken des Heiligen Geistes» verwechselt.

Wie säkulare Berühmtheiten lieben sie die Aufmerksamkeit und das Lob der Menschen und sehnen sich danach, wobei am Ende möglichst viel Reichtum herausspringen sollte. Denn einige dieser nach Ruhm strebenden Lehrer setzen Dienst mit Geld gleich (s. 1Tim 6,10). Leider sind das häufig genau die Personen, die auf Konferenzen als «erfolgreich» vorgeführt werden. Sie beschreiben ihre Dienste mit Worten wie «mega», «multi» und «riesig». Obschon die Gemeindegrösse kein Hinweis auf das Wirken oder den Segen des Heiligen Geistes ist, wird sie häufig zur Hauptvoraussetzung für solche Rednerrollen. Traurigerweise hat die Gemeinde die «Grösser ist besser»-Philosophie von der Welt übernommen. Obgleich an kleinen Gemeinden an sich nichts Geistliches ist, oder an grossen etwas falsch wäre, haben sich hier die Werte verändert. «Gross» wird mehr und mehr mit «Erfolg» und «Gottes Gunst» gleichgesetzt. Als Folge sieht man viele Pastoren kleiner Gemeinden, ganz gleich wie begabt oder gottesfürchtig sie sind, nicht mehr als Redner auf diesen Veranstaltungen.

Worte wie *treu*, *Opfer*, *Leiden*, *Jünger* und *Diener* werden auf solchen Konferenzen vernachlässigt und fast vergessen. Diese falschen Lehrer haben das Wort Gottes absolut erfolgreich der Generation der letzten Tage angepasst – eine Generation, die mehr als alles andere die unheilige Dreieinheit von Ego, Grösse und Geld schätzt.

Aber Jesus nennt solche Leute Diebe, Räuber und Mietlinge. Und gewiss sind sie keine Hirten (s. Joh 10,1-16).

## Gott sei Dank für das Echte

Diese Glaubensfälschungen sind ein starker Kontrast zu echten Dienern Gottes. Aber zum Glück gibt es noch echte Diener. Schauen Sie sich in 1. Thessalonicher 2,1-9 an, wie sich das ermutigende Beispiel von Paulus von den egoistischen christlichen Rednern von heute unterscheidet:

> Denn ihr wisst selbst, Brüder, dass unser Eingang bei euch nicht vergeblich war; sondern, obwohl wir zuvor gelitten hatten und misshandelt worden waren in Philippi, wie ihr wisst, gewannen wir dennoch Freudigkeit in unserem Gott, euch das Evangelium Gottes zu verkünden unter viel Kampf. Denn unsere Verkündigung entspringt nicht dem Irrtum, noch unlauteren Absichten, noch geschieht sie in listigem Betrug; sondern so wie wir von Gott für tauglich befunden wurden, mit dem Evangelium betraut zu werden, so reden wir auch — nicht als solche, die den Menschen gefallen wollen, sondern Gott, der unsere Herzen prüft. Denn wir sind nie mit Schmei-

> chelworten gekommen, wie ihr wisst, noch mit verblümter Habsucht – Gott ist Zeuge –; wir haben auch nicht Ehre von Menschen gesucht, weder von euch noch von anderen, obgleich wir als Apostel des Christus würdevoll hätten auftreten können, sondern wir waren liebevoll in eurer Mitte, wie eine stillende Mutter ihre Kinder pflegt. Und wir sehnten uns so sehr nach euch, dass wir willig waren, euch nicht nur das Evangelium Gottes mitzuteilen, sondern auch unser Leben, weil ihr uns lieb geworden seid.
>
> Ihr erinnert euch ja, Brüder, an unsere Arbeit und Mühe; denn wir arbeiteten Tag und Nacht, um niemand von euch zur Last zu fallen, und verkündigten euch dabei das Evangelium Gottes.

Den Korinthern schrieb Paulus: «Denn wir sind nicht wie so viele, die das Wort Gottes verfälschen, sondern aus Lauterkeit, von Gott aus reden wir vor dem Angesicht Gottes in Christus» (2Kor 2,17).

Hausierer und Vertreter sind wie die Marktschreier aus früheren Zeiten. Geistliche «Bauernfänger».

*Nicht so* Paulus. Seine Botschaft und sein Dienst waren von Demut, Einfachheit und der wahren Kraft des Heiligen Geistes gekennzeichnet. Und warum? Damit der Glaube der Korinther nicht auf Weisheit, überredenden Worten und der Persönlichkeit eines Menschen, sondern auf der Kraft Gottes beruhte (s. 1Kor 2,1-5).

Paulus war ein Mann, dessen Leben von dem auferstandenen Christus verwandelt wurde. Und seinem treuen Beispiel folgen auch heute noch gottesfürchtige Menschen. Wen Jesus beruft und zum Hirten- und Predigtdienst ausrüstet, ob in der Gemeinde oder darüber hinaus, den zeichnet ein besonderes Merkmal aus – die brennende Leidenschaft, den Namen *Jesus* bekannt zu machen, nicht seinen eigenen (s. Ps 115,1; 2Jo 1,7). Seinen Ruhm suchen sie, wenn sie predigen, lehren und dienen. Sie vertreten das Motto von Johannes dem Täufer: «Er muss wachsen, ich aber muss abnehmen» (Joh 3,30).

Sie sind Männer und Frauen des Wortes, die sich zu lehrmässiger und persönlicher Integrität verpflichtet haben. Sie geben nichts auf die Anerkennung der Menschen, sondern sind damit zufrieden, Gott allein mit ihrer Ehrfurcht zu gefallen. Sie «schmeicheln» ihren Zuhörern nicht, um Spenden zu bekommen. Sie dienen nicht für Lohn, Anerkennung oder die Ehre der Menschen, sondern für eine zukünftige Krone (s. 1Petr 5,2-4). Ihnen ist die Gesundheit der Gemeinde viel wichtiger als ihre Grösse und der Glaube als die Finanzen. Und was auch immer die Umstände der Gemeinde oder ihres Dienstes sein mögen, sie wollen einfach nur gute *Aufseher* sein. Sie freuen sich, wenn sie treu gefunden werden.

Im Himmel sind die, die von Christus den grössten Lohn empfangen, möglicherweise die Männer und Frauen, von denen Sie nie etwas gehört haben. Was meinen Sie?

Ganz gleich, welchen Dienst wir im Reich Gottes haben, wir alle müssen uns als Verwalter betrachten, als treue Diener, die Einfluss, Autorität und Möglichkeiten nutzen, die Gott uns gegeben hat (s. 1Kor 4,1-5). Wir müssen dafür sorgen, diese Autorität nie einzusetzen, um andere zu beherrschen oder sie in die Irre zu führen.

Aus diesem Grund gehen wahre Führungspersonen Gottes behutsam vor. Wie stillende Mütter behandeln sie die Menschen und ihre Bedürfnisse mit Zärtlichkeit. In Beziehungen verstehen sie es, die Wahrheit *und* das Leben biblisch ausgewogen zu vermitteln. Und wenn nötig, sind sie sogar bereit, für das Evangelium und für die Menschen, denen sie dienen, persönliche Opfer zu bringen. Ihre Motivation ist die unwiderstehliche Berufung ihres Herrn Jesus Christus und ihre verzehrende Liebe zu Ihm. Und sie sind sich bewusst, dass auf diejenigen, die lehren, «ein strengeres Urteil» wartet (Jak 3,1).

Das ist das Gegenteil der egoistischen Lehren und Praktiken des heutigen Abfalls vom Glauben.

Ich danke Gott für jene, die biblische Integrität über Popularität und Eigeninteresse stellen. Sie sind echte, hingegebene Jünger Jesu, und das Banner der Treue weht über ihnen. Suchen Sie sich solche Personen als Mentoren, Pastoren und Lehrer. Diese wenigen Gottesfürchtigen. Diese Diener des Allerhöchsten.

Und bemühen Sie sich, selbst einer zu *sein*.

# Fussnoten

1 Obwohl das englische Wort *pastor* (im Plural) nur einmal im Neuen Testament vorkommt (s. Eph 4,11; dt. Übers. an dieser Stelle: Hirten), wird das griechische Wort (*poimen*) an siebzehn anderen Stellen mit «Hirten» übersetzt. In der Verbform findet es sich drei Mal und spricht von Leiterschaft und der Aufsicht über das Volk Gottes (s. Joh 21,16; Apg 20,28; 1Petr 5,2).

2 Glennon Doyle Melton, «Are You Waiting for Heaven or Working for It?» *Momastery* (Blog), 29. März 2016, http://momastery.com/blog/2016/03/29/waiting-or-working.

3 Das ist genau die Art von Weltlichkeit, vor der Paulus die Gläubigen in Rom in Römer 12,1-2 warnt. Der äussere Druck zwingt uns zu einer bestimmten Denk- und Verhaltensweise und zu neuen Werten. Und in Bezug auf Religion bedeutet das oft, dass lange vertretene, historische Glaubensinhalte des Christentums noch einmal «überdacht» werden sollen.

4 Rachel Held Evans, «Loving the Bible for What It Is, Not What I Want It to Be», *Rachel Held Evans* (Blog), 2. Januar 2012, http://rachelheldevans.com/blog/bible-series.

5 Es gibt noch andere gefährliche lehrmässige Abweichungen, die die Identität Christi oder die Grundlagen des Christentums nicht direkt infrage stellen, sich aber dennoch vom orthodoxen christlichen Glauben entfernen. Zu diesen «zweitrangigen» Abweichungen gehören Glaubensüberzeugungen und Praktiken wie das Wohlstandsevangelium, das soziale Evangelium, der «zweite Segen», die Wort-des-Glaubens-Bewegung, das positive Bekenntnis, Glaubensheiler, die Lachbewegung und die Marien- und Heiligenverehrung.

6 John MacArthur, «False Prophets and Lying Wonders», *Grace to You*, Zugriff am 29. August 2016, https://www.gty.org/resources/print/blog/B100111.

7 Es mangelt heute nicht an derartigen Behauptungen – von angeblichen Besuchen im Himmel bis zu aufgebauschten Offenbarungen über die Prophetie und die Endzeit. Einige dieser «Worte von Gott» sind relativ belanglos, während andere schon ans Bizarre grenzen.

8 Der Ausdruck «weicht von», den Jesus in Matthäus 7,23 benutzt, unterscheidet sich von dem griechischen Wort für *Apostasie* und ist ihm doch ähnlich. Es stammt von zwei Worten, *apo* («von» oder «weg von») und *choreo* (verlassen oder weggehen).

KAPITEL 10

# DIE LETZTEN TAGE DES ABFALLS VOM GLAUBEN ÜBERSTEHEN

Vor einigen Jahren schrieb Tommy Nelson, Pastor der Denton Bible Church, einen Artikel in einer Publikation des Dallas Theological Seminary mit dem Titel «Klassisches Christentum». In diesem Artikel stellt er fest, dass «Coca-Cola bis in die 1960er-Jahre über Generationen der führende Soft-Drink in Amerika war». Mit einer raffinierten Marketingstrategie versuchte Pepsi die jüngere Generation anzulocken und Coke den Markt für ältere Generationen zu überlassen.

Da Coke in den 1980ern Marktanteile an Pepsi verlor, gab Coca-Cola seinem Spitzenprodukt einen neuen Namen und nannte es «New Coke». So hoffte man, die jungen Leute wieder zurückzugewinnen. New Coke war süsser und wurde als der «neue Geschmack von Coca-Cola» vorgestellt. Cokes Vorgehen wurde als das grösste Risiko in der Geschichte der Konsumgüter gepriesen. Und wenn Sie alt genug sind, um sich an New Coke zu erinnern, wissen Sie, dass es fraglos einer der grössten Marketingflops in der Geschichte war.

Eine heftige Gegenreaktion von treuen Coke-Trinkern folgte. Der Hauptsitz von Coke wurde mit wütenden Anrufen und Briefen überschüttet. Die Fans der Coke mochten die alte Rezeptur und wollten keine Veränderung.

An dem Tag, an dem New Coke angekündigt wurde, gab Pepsi seinen Mitarbeitern frei und sagte: «Durch ihr heutiges Handeln hat Coke zugegeben, dass sie nicht das Wahre sind.» Pepsi war sich sicher, dass sie zukünftig den Markt beherrschen würden. Coke war einen Kompromiss eingegangen und hatte sich verändert.

Nelson beschreibt, was als Nächstes geschah: «Aber dann machte Coke, was als der grösste Marketingschachzug in der Geschichte bezeichnet wurde. Sie entschuldigten sich im ganzen Land und sagten, sie hätten erkannt, dass Coke eine amerikanische Institution sei. Sie nahmen New Coke vom Markt und brachten die Original-Rezeptur unter dem Namen Classic Coke heraus.»

Nelson schreibt: «Dieser Name war nicht nur ein Signal für den Softdrink-Markt, dass die alte und vertraute Coke zurück war, *sondern erkannte auch die Tatsache an, dass man ein klassisches Produkt nicht einfach ändert, nur weil eine neue Generation Druck macht.*»[1]

Ich (Mark) liebe den letzten Satz, weil das die Grundbotschaft dieses Buches ist. Immer und immer wieder haben wir aus allen möglichen Perspektiven die Autorität und Allgenügsamkeit der Wahrheit des Wortes Gottes und die zentrale Bedeutung und Ausschliesslichkeit des Evangeliums Jesu Christi hervorgehoben. Wir haben den Klassiker. Wir haben das Wahre. Jeder Versuch, es zu verdrehen, abzuschwächen oder zu leugnen, wird geistlich gesehen zu einer ebenso grossen Katastrophe führen wie die Marketingstrategie von Coke.

Wir sind berufen, am Klassiker festzuhalten.

## Hey, Jude

Im letzten neutestamentlichen Buch vor der Offenbarung, dem Judasbrief, geschrieben vom Halbbruder Jesu, werden die Nachfolger Jesu aufgerufen, beim «klassischen Christentum» zu bleiben und dafür zu kämpfen:

> Geliebte, da es mir ein grosses Anliegen ist, euch von dem gemeinsamen Heil zu schreiben, hielt ich es für notwendig, euch mit der Ermahnung zu schreiben, dass ihr für den Glauben kämpft, der den Heiligen ein für alle Mal überliefert worden ist. Es haben sich nämlich etliche Menschen unbemerkt eingeschlichen, die schon längst zu diesem Gericht aufgeschrieben worden sind, Gottlose, welche die Gnade unseres Gottes in Zügellosigkeit verkehren und Gott, den einzigen Herrscher, und unseren Herrn Jesus Christus verleugnen (Jud 1,3-4).

Der Judasbrief wurde von einigen auch die «Taten der Abgefallenen» genannt. Er warnt davor, dass sich Abgefallene unter das Volk Gottes mischen und als wahre Gläubige ausgeben werden. Angesichts dieser ständigen Gefahr sollen die Nachfolger Jesu für den Glauben «kämpfen». Das Wort, das Judas in der Originalsprache für *kämpfen* benutzte, beinhaltet den Gedanken an einen energischen, intensiven Kampf wie bei einem Ringkampf. Jeder Gläubige in Christus soll für «den Glauben» kämpfen, d. h., für die überlieferte Sammlung an Wahrheiten und Lehren im Wort Gottes (s. 1Tim 1,9; 4,1; 5,8; 6,10.21; 2Tim 4,7). Beachten Sie, wie uns der Glauben überliefert wurde. Gott hat ihn uns – «ein für alle Mal» – mit absoluter Gewissheit und Endgültigkeit in Seinem Wort anvertraut. Zusätze oder Änderungen sind nicht nötig. Wir besitzen den Klassiker.

Für den Glauben zu kämpfen, bedeutet nicht, dass wir streiten oder wütend werden müssen, sondern dass wir uns zu ihm bekennen. Aber statt zu kämpfen, kapitulieren heutzutage viel zu viele. Der Sirenengesang unserer Kultur verwässert die Wahrheit oder lässt Teile aus, die nicht einfach zu schlucken sind.

Ich fühle mich an den jungen Prediger erinnert, der seinen Dienst in einer neuen Gemeinde antrat. Am ersten Sonntag predigte er über die Gefahren des Alkoholkonsums. Nach dem Gottesdienst ging einer der Diakone auf ihn zu und sagte: «Ein Drittel unserer Leute baut Gerste an und destilliert Alkohol, daher wäre ich an Ihrer Stelle vorsichtig.»

Am nächsten Sonntag predigte der junge Pastor gegen das Rauchen. Derselbe Diakon kam nach dem Gottesdienst zu ihm und teilte ihm mit: «Ein Drittel unserer Mitglieder baut Tabak an, Sie sollten also besser vorsichtig sein.»

Am dritten Sonntag handelte die Predigt von den Gefahren des Spielens. Wieder nahm ihn der Diakon nach dem Gottesdienst zur Seite. «Ein Drittel der Leute züchtet reinrassige Pferde, Sie müssen also etwas sensibler sein.»

Am folgenden Sonntag trug die Predigt den Titel «Die Gefahren des Tiefseetauchens in internationalen Gewässern». Er verkündete die Botschaft laut und deutlich. Aber wir dürfen uns nicht vor dem Druck der Gesellschaft beugen; wir müssen für den Glauben kämpfen.

Der Judasbrief wurde oft als das Vorzimmer oder Foyer zum Buch der Offenbarung bezeichnet. Anschaulich beschreibt Judas die Zustände, die in den letzten Tagen in der bekennenden Gemeinde vorherrschen werden, bevor die Ereignisse der Endzeit beginnen. Sein Brief ist ein weiteres Zeugnis dafür, dass der Abfall vom Glauben ein Zeichen der Zeit ist und den Beginn der letzten Tage ankündigt.

Nach einer kurzen Einleitung in den Versen 1-3 werden in den Versen 4-16 abgefallene falsche Lehrer angeprangert, die sich ihren Weg in die von Judas angesprochenen Gemeinden gebahnt haben. Um die Gefahr für diese Gemeinden zu unterstreichen, nennt Judas drei Beispiele von gemeinschaftlichem Abfall aus der Vergangenheit (die Generation in der Wüste, Engel, die gesündigt haben, und die Städte Sodom und Gomorra) und drei individuelle Illustrationen für Abfall aus dem Alten Testament (Kain, Bileam und Korah). Judas lässt keinen Zweifel an dem Ungehorsam und Unheil all derer, die sich von der Wahrheit abwenden und versuchen, andere mit sich zu ziehen.

## Wie sollen wir also leben?

Ab Vers 17 wechselt Judas plötzlich von den falschen Lehrern zu den wahren Nachfolgern Christi. Er stellt seine Leser den Abgefallenen gegenüber, die er in den Versen 4-16 beschrieben und angeprangert hatte. Judas 1,17 beginnt mit: «Ihr aber, Geliebte.» Dieselben Worte finden wir noch einmal in Vers 20. Er nennt uns unsere Pflicht in den Tagen des Abfalls. Als liebevoller Pastor ist Judas nicht nur daran interessiert, Abgefallene anzuprangern, er will auch die vom Glaubensabfall umgebenen Gläubigen stützen und stärken. Wenn wir erfahren wollen, wie wir die letzten Tage des Abfalls überstehen können, dann finden wir in Judas 1,17-25 klare Anweisungen. In diesen Versen führt Judas vier einfache Richtlinien an, um seine Leser und uns auszurüsten.

*Erinnern*

Als Erstes sagt Judas, dass wir uns in den Tagen des Abfalls erinnern sollen: «Ihr aber, Geliebte, erinnert euch an die Worte, die im Voraus von den Aposteln unseres Herrn Jesus Christus gesprochen worden sind, als sie euch sagten: In der letzten Zeit werden Spötter auftreten, die nach ihren eigenen gottlosen Lüsten wandeln» (Jud 1,17-18). Judas teilt uns mit, dass uns der Abfall vom Glauben nicht überraschen sollte. Alle Apostel haben ihn vorausgesagt (s. 1Tim 4,1; 2Tim 3,1-13; 4,3; 1Jo 2,18-19;

4,1-3; 2Petr 2,1-2; 3,3-4). Die Abkehr von der Wahrheit sollte uns zwar traurig machen, aber nicht überraschen. Wir müssen uns daran erinnern, dass die Apostel uns davon berichtet haben.

*Bleiben*

Ausser sich zu erinnern, müssen Gläubige auch im Glauben standhaft *bleiben* und wachsen: «Ihr aber, Geliebte, erbaut euch auf euren allerheiligsten Glauben und betet im Heiligen Geist; bewahrt euch selbst in der Liebe Gottes und hofft auf die Barmherzigkeit unseres Herrn Jesus Christus zum ewigen Leben» (Jud 1,20-21). Diese Verse enthalten vier Dinge, die jeder Gläubige beherzigen muss, um mitten im Abfall standhaft zu bleiben.

Erstens, wir sollen uns permanent in unserem allerheiligsten Glauben erbauen. Wie machen wir das? Indem wir treu das Wort Gottes studieren, das die Wahrheit des «Glaubens» enthält. Die reine Wahrheit des Wortes Gottes baut uns geistlich auf und stärkt uns in schweren Zeiten.

Zweitens, die Gläubigen müssen im Heiligen Geist beten. Unser Gebetsleben muss beständig sein und vom in uns wohnenden Heiligen Geist kontrolliert und geleitet werden (s. auch Eph 6,18).

Drittens, wir müssen uns in der Liebe Gottes bewahren. Das bedeutet nicht, dass wir Gott dazu bringen müssen, uns weiter zu lieben. Gott liebt Seine Kinder und wird nie damit aufhören. Nichts kann uns von Seiner Liebe zu uns trennen (s. Röm 8,38-39). Wenn wir sündigen, verhindern wir jedoch, dass wir Seine Liebe erfahren und geniessen. Die Liebe Gottes ist wie der Sonnenschein, der nie aufhört, aber unsere Sünde ist mit einem Schirm zu vergleichen, den wir in unserem Leben aufspannen und der uns davon abhält, uns an Seiner Liebe völlig zu erfreuen. Wenn wir Ihm gehorsam sind, bleiben wir in der Liebe Gottes (s. Joh 15,9-10).

Viertens, wenn wir den weit verbreiteten Abfall vom Glauben um uns herum sehen, sollen wir sehnsüchtig das Kommen Jesu Christi erwarten. Wie jemand vor Jahren einmal sagte: «Je dunkler die Aussichten auf der Erde, umso heller ist die Sicht nach oben!» Gottes Kinder sind keine Schwarzseher. Wir sind absolute Optimisten. Jesus könnte schon bald kommen. Alle Zeichen um uns herum sind wie die Lichter einer Landebahn, die den Landeanflug unseres Erlösers anzeigen. Während wir auf das Kommen unseres Herrn warten, ist es an uns, für Christus zu leben und gehorsam Sein Wort zu studieren und zu beten.

*Sich um andere sorgen*

Nachdem wir für unsere eigene geistliche Gesundheit und Stabilität gesorgt haben, fordert uns Judas auf, uns in Liebe der Menschen um uns herum zu *erbarmen*, die Opfer von falschen Lehrern geworden sind. Judas nennt drei Gruppen von Menschen, die Hilfe brauchen.

Die erste Gruppe sind die *Zweifler*. In Vers 22 lesen wir: «Und der einen, die zweifeln, erbarmt euch» (RELB). In den Tagen des Abfalls und der Abkehr von der Wahrheit sind wir von verwirrten, unentschlossenen und zögernden Gläubigen umgeben. Falsche Lehrer suchen sich die Schwachen als Opfer aus. Ich begegne regelmässig bekennenden Christen, die mit allen möglichen Zweifeln zu kämpfen haben an der Wahrheit der Bibel, der Ausschliesslichkeit Jesu, dem Wesen Gottes und dem Sinn des Lebens. Denen, die in Zweifeln und Verwirrung versinken, sollen wir mit Erbarmen und Gnade begegnen.

Zweitens, wir sollen uns um die *Getäuschten* kümmern. Vers 23 sagt: «Andere aber rettet mit Furcht, indem ihr sie aus dem Feuer reisst.» Das einzige andere Mal, wo Judas das Wort «Feuer» benutzt, ist Vers 7, wo vom Feuer des Gerichts die Rede ist. Daher glaube ich, dass wir es hier mit derselben Bedeutung zu tun haben. Gemeint sind Menschen in grosser geistlicher Gefahr. Wenn die gesunde Lehre unter Beschuss steht wie heute, müssen wir die Augen offen halten nach Menschen, die getäuscht wurden, und uns von Gott gebrauchen lassen, ihnen das Evangelium zu bringen, sodass sie aus dem Feuer gerissen werden können. Ihre falschen Weltanschauungen müssen mit der Kraft der Wahrheit Gottes konfrontiert und aufgedeckt werden (s. 2Kor 10,3-5).

Die letzte Gruppe, um die sich das Volk Gottes kümmern muss, sind die *Verunreinigten*. In Vers 23 lesen wir: «Wobei ihr auch das vom Fleisch befleckte Gewand hassen sollt.» Diese Menschen wurden vom Schmutz der Welt überwältigt und verunreinigt. Während die moralischen Massstäbe auch innerhalb der Gemeinde weiter sinken, hält der moralische Abfall mehr und mehr Menschen in seinen Fängen. Die Sünden der Gesellschaft werden unweigerlich zu den Sünden der Gemeinde. Denen, die von Sünde überwältigt wurden, müssen wir mit Barmherzigkeit begegnen. Aber Judas warnt: «Wobei ihr auch das vom Fleisch befleckte Gewand hassen sollt.» Das «vom Fleisch befleckte Gewand» bezieht sich wörtlich auf die Unterwäsche, die mit menschlichen Ausscheidungen beschmutzt ist. Das heisst, wir sollen die Sünde im Leben anderer so verabscheuen, wie wir es hassen würden, die dreckige Unterwäsche anderer Personen anzufassen. Wir sollen eine gesunde Furcht vor der Sünde haben und ihr nicht zu nahe kommen, um uns nicht selbst zu verunreinigen. Der Umgang mit der Sünde erfordert Wachsamkeit und eine gesunde Furcht.

### *Ruhen*

Die letzte Bedingung, um den Abfall der letzten Tage zu überstehen, ist *ruhen*. Das liebe ich. Judas beendet diesen dunklen, stürmischen Brief mit einem beruhigenden Lobpreis Gottes über unsere Sicherheit in Christus: «Dem aber, der mächtig genug ist, euch ohne Straucheln zu bewahren und euch unsträflich, mit Freuden vor das Angesicht seiner Herrlichkeit zu stellen, dem allein weisen Gott, unserem Retter, gebührt Herrlichkeit und Majestät, Macht und Herrschaft jetzt und in alle Ewigkeit! Amen» (Jud 1,24-25). Wie Buchstützen beginnt und endet Judas seinen Brief mit unserer Sicherheit in Christus (s. Jud 1,1).

Kein echter Gläubiger kann vom Glauben abfallen. Er mag zwar verwirrt sein, mit der Sünde kämpfen und sogar einige falsche Dinge glauben, aber wir können nie unsere Stellung vor Gott verlieren. Gott hat die Macht, uns vor dem Fallen zu bewahren. Er wird uns bis zum Ende durchbringen, wenn wir in Seiner herrlichen Gegenwart stehen. Sie sind aber nur sicher, wenn Sie eine persönliche Beziehung zu Gott durch den Glauben an Seinen Sohn Jesus Christus haben.

## Als gerettet gemeldet

Als die *Titanic* 1912 im Nordatlantik sank, fanden 1517 Menschen ihr Grab in den Wellen. Als sich die Nachricht von der Tragödie verbreitete, wollte jeder wissen, ob seine Lieben gerettet wurden. Um die Personen zu informieren, die sich vor dem Büro der White Star Line in Liverpool versammelt hatten, wurde eine grosse zweigeteilte Tafel aufgestellt: oben auf der einen Spalte stand «Als gerettet gemeldet» und auf der anderen «Als verloren gemeldet». Hunderte sahen mit angehaltenem Atem zu, wie jede neue Nachricht auf der Tafel festgehalten wurde.

Die Passagiere der *Titanic* waren in die Kategorien erste, zweite oder dritte Klasse eingeteilt, aber nach dem Untergang des Schiffes hatten nur noch zwei Kategorien eine Bedeutung: die Lebenden und die Toten. Dasselbe wird eines Tages der Fall sein, wenn der Herr zurückkommt. Am Ende wird es nur zwei Klassen geben: die Erretteten und die Verlorenen – jene, die sich zur Errettung an Jesus Christus gewandt haben, und solche, die das nicht getan haben. 1. Johannes 5,12 zieht eine klare Grenzlinie: «Wer den Sohn hat, der hat das Leben; wer den Sohn Gottes nicht hat, der hat das Leben nicht.»

Obwohl die Existenz der Hölle heute weitgehend abgestritten wird, gibt es nur zwei ewige Bestimmungsorte – Himmel oder Hölle. Jesus, der liebende Erlöser, der für eine Welt von Sündern starb, sprach von der Hölle unmissverständlich als dem letzten Schicksal derer, die Ihn ablehnen.

Vor allem anderen sollten Sie dafür sorgen, dass Sie zu denen gehören, die «als gerettet gemeldet» sind. Gehen Sie sicher, dass Sie Jesus als Ihren Erlöser von der Sünde angenommen haben und Sie Ihren letzten Bestimmungsort kennen.

Johannes 1,12 drückt es so einfach wie möglich aus: «Allen aber, die ihn aufnahmen, denen gab er das Anrecht, Kinder Gottes zu werden, denen, die an seinen Namen glauben.» Ewiges Leben, Vergebung und die Aufnahme in Gottes Familie kommen durch den einfachen Glauben an Jesus Christus, der am Kreuz an Ihrer Stelle starb und anschliessend von den Toten auferstand (s. Röm 10,9).

Sie können Jesus jetzt vertrauen, indem Sie Ihn bitten, Sie von Ihren Sünden zu erretten, und Sie das ewige Leben als freies Geschenk annehmen.

## Befehl bleibt unverändert

Von allen Wahrzeichen, die es in der Hauptstadt unseres Landes zu sehen gibt, ist das Grabmal des Unbekannten Soldaten auf dem Arlington Nationalfriedhof eines der tiefgründigsten. Das liegt teilweise an der beständigen Wache, die ein aus dreissig Soldaten bestehender Zug dort hält. An jedem Tag seit 1937, zu jeder Stunde des Tages, bei jedem Wetter (auch bei Hurrikans) und an allen Feiertagen geht ein einzelner Soldat exakt 21 Schritte, hält dann 21 Sekunden inne und beginnt wieder von vorne. Die Zahl

21 entspricht den 21 Salutschüssen, der höchsten Ehre, die einem Soldaten zuteilwerden kann. Wenn die Wache beendet ist und ein neuer Wachposten ihn ablöst, wird der Befehl mit drei einfachen Worten weitergegeben: «Befehl bleibt unverändert.»

Während sich die Gewitterwolken zusammenbrauen und immer dunkler werden und das Kommen Christi naht, sollten diese Worte – «Befehl bleibt unverändert» – in unseren Herzen und Köpfen widerhallen. Wir haben unseren letzten Marschbefehl von unserem Erlöser, während wir auf Seine Rückkehr warten:

> Und Jesus trat herzu, redete mit ihnen und sprach: Mir ist gegeben alle Macht im Himmel und auf Erden. So geht nun hin und macht zu Jüngern alle Völker, und tauft sie auf den Namen des Vaters und des Sohnes und des Heiligen Geistes und lehrt sie alles halten, was ich euch befohlen habe. Und siehe, ich bin bei euch alle Tage bis an das Ende der Weltzeit! Amen (Mt 28,18-20).

Mit den Jahren verändern sich viele Dinge in unserem Leben und unserem Dienst, aber eines darf sich nie ändern – unsere Hingabe an den Klassiker. Unsere Treue zu Jesus und unsere Verpflichtung, Sein Evangelium zu verbreiten und den Menschen alles zu lehren, was Er befohlen hat, dürfen nie ins Wanken geraten. Unsere Welt benötigt keine «New Coke». Sie braucht die eine Sache, die nur das Wort Gottes geben kann – die unveränderliche, gleich bleibende Wahrheit Gottes.

## Fussnoten

1 Tommy Nelson, «‹Classic Christianity: Teaching and Living the Unchanging Truth of God's Word», *Veritas* (Januar 2008), http://www.dts.edu/download/publications/veritas/veritas-2008-january.pdf.